# STATISTIQUE DE L'ÉGYPTE

## L'ÉGYPTE

1re ANNÉE — 1870.

ALEXANDRIE

FRANÇAISE MOURÈS & Cie, SQUARE IBRAHIM.

1870.

# STATISTIQUE

# DE L'ÉGYPTE

# STATISTIQUE
# DE L'ÉGYPTE

## D'APRÈS DES DOCUMENTS OFFICIELS

RECUEILLIS, MIS EN ORDRE ET PUBLIÉS

### Sous le Patronage du Gouvernement du Khédive

PAR

## E. DE RÉGNY,

Avocat, Secrétaire de l'Intendance Générale Sanitaire d'Egypte
et de la Municipalité d'Alexandrie.

**1re Année — 1870.**

ALEXANDRIE

IMPRIMERIE FRANÇAISE MOURÈS & Cᵉ, SQUARE IBRAHIM.

1870.

# PRÉFACE.

C'est à titre d'essai que nous publions ce travail.

L'auteur n'en connaît que trop les lacunes ; et il se serait fait un devoir de les indiquer, s'il n'avait l'espoir de les combler, à l'aide du temps et de la sympathie publique, dans des éditions successives destinées à tenir ce recueil au courant des faits nouveaux.

Ce n'est pas que l'appui nécessaire nous ait manqué jusqu'à ce jour : nous ne pouvons, à cet égard, que réitérer nos remercîments au Gouvernement qui nous honore de son patronage, aux administrations et aux particuliers qui ont bien voulu faciliter nos recherches. Mais on nous tiendra compte de la difficulté d'un premier travail de ce genre, tout d'abord entrepris par nos seules forces.

Nous sommes particulièrement redevables de nombreux et utiles renseignements à l'Intendance Générale Sanitaire et à son Président, S. E. Colucci-Bey, qui a organisé une branche fort importante de statistique dans cette Administration, et qui a fourni les principales données de la notice rédigée en 1867 pour l'Exposition de Paris.

Pour certains documents, nous avons cité la source qui nous les a fournis, voulant ainsi en réserver le mérite ou en laisser la responsabilité à qui de droit. — Pour les autres, nous croyons pouvoir en assurer l'authenticité, tels qu'ils sont présentés au lecteur, — réclamant seulement son indulgence pour les inductions par lesquelles nous avons dû remplacer certaines notions absentes.

Alexandrie, juin 1870.

# N° 1. — TERRITOIRE.

L'Égypte, proprement dite, est comprise entre le 24$^{me}$ et le 32$^{me}$ degré de latitude nord, et les 27$^{me}$ et 31$^{me}$ degrés de longitude orientale.

Elle a pour limites naturelles :

Au nord, la mer Méditerrannée,

A l'Est, le golfe Arabique,

A l'Ouest, les déserts de Lybie ;

Au sud, les régions nubiennes qui commencent au-delà de la Cataracte d'Assouan, et qui d'ailleurs sont également sous la domination du Khédive jusque vers le 8$^{me}$ degré de latitude nord.

Si l'on comprend dans le territoire égyptien les montagnes qui le bordent à l'est et à l'ouest, on trouve une surface de 240,000,000 d'hectares, ayant 8,000,~~000~~ kilomètres de tour, 2,600,~~000~~ kilomètres de longueur du nord au sud, et une largeur moyenne d'environ 765 kilomètres. Ce territoire est baigné par la Méditerrannée sur une étendue d'environ 640 kilomètres, depuis la montagne d'Akabah, située à 225 kilomètres nord-ouest d'Alexandrie, près du golfe de Milhr, jusqu'à El-Arich.

à 150 kilomètres au-delà de l'emplacement de l'ancienne ville de Péluse : d'El-Arich jusqu'à un autre Mont Akabah, situé au fond du golfe de la mer Rouge, il y a 225 kilomètres ; cette ligne sert de frontière à l'Égypte du côté de l'Asie.

La mer Rouge baigne environ 1,300 kilomètres d'étendue du territoire Egyptien proprement dit, savoir :

500 kilomètres d'Akabah à Suez ;
500 » de Suez à Kosseïr ;
300 » de Kosseïr à Bérénice.

Elle baigne, en outre, les dépendances nubiennes de l'Égypte, sur une étendue de 1,100 kilomètres, savoir :

650 kilomètres, de Bérénice à Souakim ;
440 » de Souakim à Massaoua ;

Ce qui fait en tout 2,400 kilomètres de côtes sur cette mer.

La ligne qui va de Massaoua jusqu'à Medinet-Mohammed-Aly, fondée par Mohammed-Aly lui-même, sur le Nil bleu (à 600 kilomètres environ de Khartoum), sépare les possessions égyptiennes de l'Abyssinie, sur une étendue de 750 kilomètres.

La frontière se continue ensuite sur une étendue égale jusqu'au point où le Nil blanc (1) quitte les Montagnes de la lune sous le 8$^{me}$ degré de latitude nord. De là, elle remonte vers le nord jusqu'aux marais des tortues, situés

---

(1) Le Nil depuis sa sortie des lacs équatoriaux, jusqu'à la mer Méditerranée, a un parcours d'environ 1,600 lieues.

à l'extrémité méridionale de la vallée du fleuve sans eau, sous le parallèle de Dongola, c'est-à-dire pendant environ 1,400 kilomètres.

Cette ligne sépare les possessions Égyptiennes du royaume de Darfour, et du grand désert libyque. La vallée du fleuve sans-eau forme la frontière égyptienne sur une longueur de 800 kilomètres jusqu'aux oasis d'El-Dakleh placées sous le parallèle des ruines de Thèbes, à environ 260 kilomètres sud-ouest de Siout.

La chaîne des autres oasis limite ensuite le territoire Égyptien, sur une étendue de 675 kilomètres environ. La dernière oasis, celle de Siout, se trouve à 460 kilomètres ouest-sud-ouest des pyramides de Gizeh et à 400 kilomètres d'Alexandrie.

Enfin on compte 325 kilomètres, de cette oasis au Gebel-Akabah de la côte méditerrannéenne.

# Nᵒ 2. — ADMINISTRATION

## DES

## Provinces, Moudyriehs.

| CIRCONSCRIPTIONS | NOMS des MOUDYRIEHS. | CHEFS-LIEUX | VILLES PRINCIPALES. | NOMBRE DE DISTRICTS. | NOMBRE de VILLAGES. |
|---|---|---|---|---|---|
| Basse-Égypte. . . | 1. Béhéra. | Damanhour. | » | 4 | 330 |
| | 2. Gizeh. | Gizeh. | » | 3 | 160 |
| | 3. Galioubyeh | Galioub. | Benha. | 3 | 150 |
| | 4. Charkyeh. | Zagazig. | Bilbeïs. | 5 | 839 |
| | 5. Menoufyeh | Chibin. | » | 4 | 322 |
| | 6. Garbyeh. | Tanta. | Mehallet-el-Kibir, Samanoud, Zifte, Kafr - Zaïat, Dessouk, Tonah. | 9 | 564 |
| | 7. Dahkalyeh. | Mansoura. | » | 4 | 422 |
| Moyenne-Égypte. . | 1. Benisouëf et Fayoum. | Benisouëf. | Medinet- el-Fayoum. | 3 | 273 |
| | 2. Minié et Benimazar. | Minié. | Benimazar. | 3 | 281 |
| Haute-Égypte. . . | 1. Assiout. | Syout. | Monfalout, Mellawi. | 6 | 235 |
| | 2. Girgeh. | Souhag. | » | 4 | 191 |
| | 3. Kéné-Kosséir. | Kéné. | Kosséir, Farchout. | 3 | 110 |
| | 4. Esné. | Esné. | Assouan. | 2 | 85 |
| TOTAL.... | 13 Moudyriehs. | | | 53 | 3,462 |

# N° 3. — Administration des Villes et Circonscriptions spéciales, Gouvernorats.

1° Le Caire, capitale de l'Égypte, et les villes principales d'Alexandrie, Damiette, Rosette, Massaoua et Souakim, sont administrées par des Gouverneurs relevant directement du Ministère de l'Intérieur.

2° L'Isthme de Suez est administrée par un Gouverneur général résidant à Ismaïlia, relevant directement du Ministère de l'Intérieur, et ayant sous sa dépendance les Gouverneurs particuliers de Suez et Port-Saïd.

3° Les possessions Égyptiennes situées au-delà du parallèle de Halfa (deuxième cataracte) et portant le nom général de Soudan, sont administrées par un Gouverneur général relevant du Ministère de l'Intérieur et résidant à Khartoum. Elles se divisent en six grandes moudyriehs savoir :

*Dongolah et Berber*, chef-lieu Dongolah ; villes principales : Berber, Matammeh, Chendy; *Taka*, chef-lieu Taka ; ville principale Kassalah ; *Khartoum*, chef-lieu Khartoum ; *Sennaar et Fazoglou*, chef-lieu Sennaar ; *Kordofan*, chef-lieu Kordofan ; *El-Bahr-el-Abiad*, à l'extrêmité des possessions Égyptiennes.

## Nᵇ 4. — Recensement de la Population Égyptienne de toute l'Égypte,

OPÉRÉ AU 1ᵉʳ MOHARREM 1263 (16 DÉCEMBRE 1846).

**Basse Egypte.** — *Villes principales.*

| | | |
|---|---|---|
| Le Caire | 256,679 habᵗˢ. | |
| Alexandrie | 164,359 | |
| Rosette | 18,300 | |
| Damiette | 37,089 | |
| El-Arich | 2,000 | |
| Suez | 4,160 | |
| TOTAL | 482,587 habᵗˢ. | 482,587 |

*Provinces.*

| | | |
|---|---|---|
| Béhéra | 191,665 habᵗˢ. | |
| Garbye | 572,817 | |
| Menoufye | 440,066 | |
| Dahkalye | 311,566 | |
| Charkye | 391,559 | |
| Galioubye | 158,799 | |
| Ghizé | 223,550 | |
| TOTAL | 2,297,080 habᵗˢ. | 2,297,080 |

**Moyenne Egypte.** — *Provinces.*

| | | |
|---|---|---|
| Benisouef | 95,402 habᵗˢ. | |
| Fayoum | 143,389 | |
| Minié-Benimazar | 280,791 | |
| TOTAL | 519,582 habᵗˢ. | 519,582 |

**Haute Egypte.** — *Provinces,*

| | | |
|---|---|---|
| Assyout | | 401,064 |
| Ghirghé | | 347,055 |
| Kéné-Esné | | 415,876 |

TOTAL.... 1,163,995 hab^(ts). 1,163,995

Total général au 16 décembre 1846... 4,463,244

**N. B.** On peut évaluer au minimum à 60,000 le nombre des étrangers fixés à cette époque en Égypte.

---

# N° 5. — Population actuelle.

Du 1^(er) moharrem 1263 (16 décembre 1846) au 1^(er) moharrem 1286 (12 avril 1869), l'excédant des naissances sur les décès a été de 592,550 pour toute l'Égypte (Voir p. 80 ).

Du 1^(er) janvier 1856 au 1^(er) janvier 1870, le total des étrangers venus à Alexandrie (non en transit) a été de 614,172 (voir p. 18 ), ce qui donne uue moyenne anneulle de 43,869 étrangers.

Le minimum d'étrangers arrivés en Égypte pendant une de ces 14 années ayant été de 28,924, on peut sans exagération évaluer à 20,000 la moyenne des étrangers arrivés pendant les 9 années précédentes, soit du 1ᵉʳ janvier 1847 au 1ᵉʳ janvier 1856 : total 180,000.

A ce compte, le nombre des étrangers venus en Égypte depuis 1468 , époque du recensement, jusqu'au 1ᵉʳ janvier 1870, s'élèverait à 794,172. Il est permis de supposer que la huitième partie de ces étrangers (ou 99,271) s'est fixée en Égypte ; le reste étant considéré comme population flottante, venue temporairement pour une durée diverse et inappréciable.

En ajoutant au chiffre du recensement de la population Égyptienne en 1846, soit....... 4,463,244.

le nombre des étrangers alors fixés en Égypte..................... 60,000.

le nombre des étrangers fixés depuis lors...................... 99,271.

l'excédant des naissances sur les décès depuis 1846................ 592,550.

on aurait comme chiffre total de la population fixée en Égypte à la fin de l'année 1869............ 5,215,065.

Cette population, répartie sur la surface cultivée du pays (4 millions et demi de feddans), donnerait un habitant pour 3,625 mètres carrés.

De l'année 1263 à l'année 1286 de l'hégire, l'excédant des naissances sur les décès a été de 3,092 pour Alexandrie, et 998 pour Damiette ; l'excédant des décès sur les naissances a été de 8,965 pour le Caire et 1,702 pour Rosette.

Les 60,000 Européens fixés en Égypte en 1846, peuvent se répartir : 25,000 sur Alexandrie, 20,000 sur le Caire et 15,000 sur le reste de l'Égypte.

Les 99,271 étrangers fixés en Égypte depuis 1846, peuvent se répartir : 50,000 sur Alexandrie, 20,000 sur le Caire et 29,271 sur le reste de l'Égypte, l'Isthme de Suez notamment.

Par suite des causes, ci-dessus la population du Caire, égyptienne et étrangère, serait devenue de 313,383 habitants. — Pour Alexandrie il y a lieu de tenir compte d'une cause de diminution, à savoir : le renvoi dans leurs foyers des marins et ouvriers de la flotte et de l'arsenal maritime d'Alexandrie, compris dans le recensement de Méhémet-Ali : en évaluant à 20,000 leur nombre avec celui des membres de leur famille qui les avaient suivis, on obtient pour Alexandrie un chiffre de population totale de 238,888 habitants à la fin de l'année 1869.

Par des hypothèses plus ou moins approximatives, on peut évaluer la population actuelle de :

| | | |
|---|---|---|
| Rosette....... à | 25,000 | habitants. |
| Damiette...... | 60,000 | » |
| Suez ......... | 15,000 | » |
| Port-Saïd ..... | 10,000 | » |
| Tantah ....... | 55,000 | » |
| Syout ........ | 30,000 | » |

## N° 6. — Population de l'Isthme de Suez.

Les rapports officiels de la Compagnie du Canal de Suez, présentés à l'assemblée générale du 2 août 1869, établissent que la population de l'Isthme qui :

en 1859, de   150 habitants, dont   25 Européens et   125 Indigènes
en 1868, de 34,258   »   16,010   »   18,258   »
en 1869, de 42,400   »   22,843   »   19,557   »

N. B. Il est à remarquer que la population indigène ci-dessus, se trouve comprise dans les chiffres de population indiqués au n° 5. — Les 22, 843 étrangers fixés dans l'Isthme correspondraient à la majeure partie des 29,271 étrangers environ établis dans les provinces, depuis l'année 1846, d'après nos propres évaluations (voir p. 13).

## N° 7.

# Grands mouvements périodiques de Population.

### (Foires et Pèlerinages).

Les rapports officiels évaluent à 500,000 le nombre des individus attirés à Tantah pour la grande foire de Sidi-Bedawi, du 16 au 13 giamad awel 1286 (13-20 août 1869).

Voici les chiffres officiels du nombre des Pèlerins, pendant les six derniers pélerinages de la Mecque.

Année 1865   »   Pèl. partis de Suez ; — 18,490 Pèl. arrivés à Suez.
—   1866   »   —   12,887   —
—   1867   8,847   —   8,347   —
—   1868   9,680   —   8,074   —
—   1869   11,212   —   10,724   —
—   1870   20,866   —   19,109   =

Pour le Pèlerinage de 1286 (1870), 1500 pèlerins sont partis de Massaoua, 1131 de Kosseïr, 1723 de Souakim, pour se rendre au Hedjaz.

La différence, pour chaque année, entre le chiffre des pèlerins partis et le chiffre des pèlerins revenus, tient principalement à ce qu'un certain nombre séjourne plus longtemps au Hedjaz pour y faire des opérations commerciales, et ne revient en Egypte qu'après la période du retour du pèlerinage par grandes masses.

On évalue à plus de 200,000 le nombre des pèlerins de toute provenance venus à la Mecque pour les fêtes du Courban-Baïram de l'année 1286 (1870). Ce nombre n'était que de 115,000 l'année précédente.

## N° 8. — Émigration et Immigration par voie de terre à El-Arich.

Pendant les mois de janvier, février, octobre, novembre et décembre 1869, le nombre des immigrants passant par El-Arich a été de 3,408 contre 1,066 émigrants.

Pendant les mois de mars, avril, mai, juin, juillet, août et septembre de la même année le nombre des immigrants a été de 2,166 contre 3,038 émigrants.

Le total des immigrants a été de 5,574, et celui des émigrants de 4,104, pour toute l'année 1869.

## N° 9. — NAVIRES ENTRÉS DANS LES PORTS D'ALEXANDRIE EN 1869

### Du 18 Ramadan 1285 au 28 Ramadan 1286.

### PAVILLONS

| PROVENANCES. | Égyptien. | Ottoman. | Anglais. | Français. | Austro-Hongrois. | Italien. | Russe. | Grec. | Suède et Norwège. | Allemand. | Hollandais. | Danois. | Belge. | Espagnol. | Romain. | Samiotte. | Moldo-Valaque. |
|---|---|---|---|---|---|---|---|---|---|---|---|---|---|---|---|---|---|
| Angleterre | — | — | 451 | 7 | 55 | 31 | 11 | 3 | 26 | 21 | — | 1 | 1 | — | — | — | — |
| France | 3 | — | 55 | 63 | 33 | 15 | 1 | 7 | — | — | — | — | — | — | — | — | — |
| Belgique | — | — | — | 1 | — | — | — | — | — | 1 | — | — | 1 | — | — | — | — |
| Espagne | — | — | 29 | — | — | — | — | — | 1 | — | — | 1 | — | 1 | — | — | — |
| Suède et Norwège | — | — | — | — | — | — | — | — | 7 | — | — | — | — | — | — | — | — |
| Portugal | — | — | 1 | — | — | — | — | — | — | — | — | — | — | — | — | — | — |
| Allemagne | — | — | — | — | — | — | — | — | — | 1 | — | — | — | — | — | — | — |
| Danemark | — | — | — | — | — | — | — | — | — | — | — | 1 | — | — | — | — | — |
| Austro-Hongrie | — | — | 2 | — | 79 | 3 | — | 1 | 1 | 1 | — | 1 | — | — | — | — | — |
| Italie | 4 | — | 17 | 1 | 3 | 97 | — | — | 1 | — | — | — | — | — | — | — | — |
| Malte | 2 | — | 130 | 53 | — | 10 | 1 | 4 | 2 | 1 | — | — | — | 1 | — | — | — |
| Constantinople | 62 | 4 | 11 | 2 | 1 | 1 | 1 | 1 | — | — | — | — | — | — | — | — | 1 |
| Smyrne | — | 1 | 1 | — | 27 | — | — | — | — | — | — | — | — | — | — | — | — |
| Syrie | 9 | 240 | 53 | 9 | 3 | 6 | — | — | — | — | 1 | — | — | — | — | — | — |
| Roumélie | 1 | 12 | — | — | 1 | — | 1 | 4 | — | — | — | — | — | — | — | — | — |
| Caramanie | 9 | 146 | — | — | — | 2 | — | 2 | — | — | — | — | — | — | — | 9 | — |
| Iles ottomannes | 10 | 267 | 1 | 1 | 2 | 4 | 23 | 37 | — | — | — | — | — | — | — | 5 | 6 |
| Anatolie | 2 | 213 | — | — | — | — | 2 | 9 | — | — | — | — | — | — | — | 1 | — |
| Asie Mineure | — | 4 | — | — | — | — | 5 | — | — | — | — | — | — | — | — | 1 | 6 |
| Grèce | 17 | 1 | 5 | 2 | 2 | — | — | 19 | — | — | — | — | — | — | — | — | — |
| Amérique | — | — | — | — | — | — | — | — | — | — | — | — | — | — | — | — | — |
| Algérie | — | — | — | 1 | — | — | — | — | — | — | — | — | — | — | — | — | — |
| Barbarie | 2 | 47 | 1 | — | 4 | — | — | — | — | — | — | — | — | — | — | — | — |
| Tunis | — | — | 1 | — | — | — | — | — | — | — | — | — | — | — | — | — | — |
| Littoral Égyptien ( Port-Saïd | 52 | 9 | 20 | 100 | 35 | 13 | 29 | 2 | 1 | 1 | — | — | — | — | — | — | — |
| Damiette | — | 25 | — | — | — | — | — | — | — | — | — | — | — | — | — | — | — |
| Rosette | 1 | 2 | — | — | — | — | — | — | — | — | — | — | — | — | — | — | — |
| Aboukir | 1 | 4 | — | — | — | 1 | — | — | — | — | — | — | — | — | — | — | — |
| En relâche | — | — | 1 | — | — | — | — | — | — | — | — | — | — | — | — | — | — |
| Navires arrivés en 1869. | 175 | 975 | 779 | 240 | 245 | 183 | 74 | 89 | 39 | 26 | 3 | 4 | 2 | 2 | — | 16 | 13 |
| » » 1868. | 140 | 850 | 708 | 196 | 190 | 157 | 55 | 133 | 30 | 48 | 4 | 4 | 3 | 2 | 1 | 15 | 6 |
| Différence en plus | 35 | 125 | 11 | 44 | 55 | 26 | 19 | — | 9 | — | — | — | — | — | — | 1 | 7 |
| » en moins | — | — | — | — | — | — | — | 44 | — | 22 | 1 | — | 1 | — | 1 | — | — |

| PROVENANCES. | Jérusalémitains. | Tunisiens. | Américains. | TOTAL. | PASSAGERS CIVILS | | | MILITAIRES | | | | Bateaux à Vapeur | | Bâtiments de guerre | | PORTÉE en TONNEAUX (Les navires de guerre exceptés) |
|---|---|---|---|---|---|---|---|---|---|---|---|---|---|---|---|---|
| | | | | | pour la Ville. | Anglais pour l'Inde. | Français p. la Cochinchine. | Anglais pour l'Inde. | Français p. la Cochinchine. | Ottomans pour Djeddah. | Égyptiens pour Port-Saïd. | Postal. | Marchand. | à vapeur. | à voile. | |
| Angleterre | — | — | — | 607 | 3138 | 4542 | — | 9425 | — | — | — | 50 | 42 | — | — | — |
| France | — | — | — | 177 | 11259 | — | 1321 | — | 4449 | — | — | 103 | 4 | 9 | 1 | — |
| Belgique | — | — | — | 3 | — | — | — | — | — | — | — | — | — | — | — | — |
| Espagne | — | — | — | 32 | 135 | — | — | — | — | — | — | — | 25 | — | — | — |
| Suède et Norwège | — | — | — | 7 | — | — | — | — | — | — | — | — | — | — | — | — |
| Portugal | — | — | — | 1 | 1 | — | — | — | — | — | — | — | — | — | — | — |
| Allemagne | — | — | — | 1 | — | — | — | — | — | — | — | — | — | — | — | — |
| Danemark | — | — | — | 1 | — | — | — | — | — | — | — | — | — | — | — | — |
| Austro-Hongrie | — | — | — | 85 | 3402 | — | — | — | — | — | — | 53 | 2 | 2 | — | — |
| Italie | — | — | — | 123 | 3666 | — | — | — | — | — | — | 81 | 17 | 5 | — | — |
| Malte | — | — | — | 204 | 3149 | — | — | — | — | — | — | 41 | 98 | 17 | 6 | — |
| Constantinople | — | — | — | 84 | 7360 | — | — | — | — | — | — | 58 | 11 | 19 | 1 | — |
| Smyrne | — | — | — | 29 | 5841 | — | — | — | — | — | — | 27 | 6 | — | — | — |
| Syrie | — | — | 1 | 322 | 1145 | — | — | — | — | 1000 | — | 30 | 52 | 16 | — | — |
| Roumélie | — | — | — | 19 | 5 | — | — | — | — | — | — | — | — | — | 1 | — |
| Caramanie | 9 | — | — | 177 | 95 | — | — | — | — | — | — | 1 | — | — | — | — |
| Iles ottomannes | 1 | — | — | 357 | 2345 | — | — | — | — | — | — | 7 | 1 | 1 | 3 | — |
| Anatolie | 1 | — | — | 228 | 278 | — | — | — | — | — | — | — | — | — | — | — |
| Asie Mineure | 1 | — | — | 17 | — | — | — | — | — | — | — | — | — | — | — | — |
| Grèce | — | 1 | — | 47 | 793 | — | — | — | — | — | — | 17 | 2 | 8 | — | — |
| Amérique | — | — | 1 | 1 | 4 | — | — | — | — | — | — | — | 1 | — | — | — |
| Algérie | — | — | — | 1 | 55 | — | — | — | — | — | — | — | 1 | — | — | — |
| Barbarie | — | 1 | 1 | 56 | 633 | — | — | — | — | — | — | 1 | 2 | 1 | — | — |
| Tunis | — | 2 | — | 3 | 375 | — | — | — | — | — | — | — | 2 | — | — | — |
| Port-Saïd | — | — | — | 267 | 11947 | — | — | — | — | — | 1320 | 182 | 17 | 33 | — | — |
| Damiette | — | — | — | 25 | 10 | — | — | — | — | — | — | — | — | — | — | — |
| Rosette | — | — | — | 3 | 17 | — | — | — | — | — | — | — | — | — | — | — |
| Aboukir | — | — | — | 6 | — | — | — | — | — | — | — | — | — | — | — | — |
| En relâche | — | — | — | 1 | — | — | — | — | — | — | — | — | — | — | — | — |
| Navires arrivés en 1869. | 12 | 4 | 3 | 2884 | 53719 | 4542 | 1321 | 9425 | 4449 | 1000 | 1320 | 651 | 283 | 114 | 12 | 1,263,144 |
| » » 1868. | 12 | — | 2 | 2616 | 43538 | 4548 | 1218 | 9897 | 2660 | — | — | 550 | 334 | 64 | 6 | 1.213,163 |
| Différence en plus | — | 4 | 1 | 268 | 12181 | — | 103 | — | 1789 | 1000 | 1320 | 101 | — | 50 | 6 | 49,981 |
| » en moins | — | — | — | — | — | 6 | — | 472 | — | — | — | — | 51 | — | — | — |

## Nº 10. — Récapitulation des navires entrés au port d'Alexandrie depuis 1856, avec l'indication des vapeurs, passagers et tonnages.

| | | | | | |
|---|---|---|---|---|---|
| Navires arrivés en | 1856 | .......1263 | en plus en 1869 | | 507 |
| » | 1857 | 2153 | » | | 731 |
| » | 1858 | 2043 | » | | 841 |
| » | 1859 | 2040 | » | | 846 |
| » | 1860 | 2042 | » | | 842 |
| » | 1861 | 2372 | » | | 1512 |
| » | 1862 | 2631 | » | | 252 |
| » | 1863 | 2802 | » | | 12 |
| » | 1864 | 4309 | en moins | | 1425 |
| » | 1865 | 4283 | » | | 1399 |
| » | 1866 | 3698 | » | | 814 |
| » | 1867 | 3181 | » | | 297 |
| » | 1868 | 2616 | en plus | | 268 |
| » | 1869 | 2884 | » | | — |
| Passagers arrivés en | 1856 | 33429 | en plus en 1869 | | 22290 |
| » | 1857 | 36685 | » | | 19034 |
| » | 1858 | 35487 | » | | 20232 |
| » | 1859 | 29115 | » | | 26604 |
| » | 1860 | 28924 | » | | 26795 |
| » | 1861 | 37732 | » | | 17982 |
| » | 1862 | 42342 | » | | 13377 |
| » | 1863 | 43332 | » | | 12387 |
| » | 1864 | 56612 | en moins | | 893 |
| » | 1865 | 74990 | » | | 19271 |
| » | 1866 | 50317 | en plus | | 5402 |
| » | 1867 | 45950 | » | | 9769 |
| » | 1868 | 43538 | » | | 12181 |
| » | 1869 (1) | 55719 | » | | — |

(1) Total des passagers arrivés à destination finale de l'Égypte de 1856 à 1869 (14 ans): 614,172

| | | | | | |
|---|---|---|---|---|---|
| Bateaux à Vapeur en | 1856 | 306 | en plus en 1869 | 765 |
| » | 1857 | 349 | » | 712 |
| » | 1858 | 358 | » | 703 |
| » | 1859 | 348 | » | 713 |
| » | 1860 | 498 | » | 563 |
| » | 1861 | 528 | » | 533 |
| » | 1862 | 581 | » | 411 |
| » | 1863 | 651 | » | 105 |
| » | 1864 | 966 | » | 410 |
| » | 1865 | 1145 | en moins | 84 |
| » | 1866 | 980 | en plus | 81 |
| » | 1867 | 966 | » | 95 |
| » | 1868 | 954 | » | 107 |
| » | 1869 | 1061 | » | — |
| Tonneaux (2) en | 1861 | 710598 | en plus en 1869 | 552546 |
| » | 1862 | 824515 | » | 438629 |
| » | 1863 | 907436 | » | 356708 |
| » | 1864 | 1334837 | en moins | 71693 |
| » | 1865 | 1350876 | » | 90732 |
| » | 1866 | 1373217 | » | 110073 |
| » | 1867 | 1319947 | » | 156803 |
| » | 1868 | 1213163 | en plus | 49981 |
| » | 1869 | 1263144 | » | — |

(2) Le tonnage des bâtiments de guerre n'est pas compris dans les chiffres de tonneaux ci-dessus.

## N° 11. — NAVIRES PARTIS DES PORTS D'ALEXANDRIE EN 1869

*(Du 18 Ramadan 1285 au 28 Ramadan 1286).*

**PAVILLONS**

| DESTINATION. | Égyptien. | Ottoman. | Français. | Anglais. | Autrichien. | Italien. | Grec. | Samiote. | Valaque ou Moldave. | Russe. | Suédois ou Norwégien. | Allemand. | Danois. | Hollandais. | Belge. | Tunisien. | Persan. | Jérusalemit. | États-Unis d'Amérique. | Romain. | Espagnol. |
|---|---|---|---|---|---|---|---|---|---|---|---|---|---|---|---|---|---|---|---|---|---|
| Angleterre | — | — | 2 | 372 | 15 | 7 | — | — | — | 6 | 9 | 12 | — | 1 | — | — | — | — | — | — | — |
| France | 7 | — | 118 | 59 | 5 | 1 | — | — | — | 1 | — | — | — | — | — | — | — | — | — | — | — |
| Russie | — | — | — | 7 | 4 | 1 | — | — | — | — | — | — | — | — | 1 | — | — | — | — | — | — |
| Autriche | 18 | — | 1 | 3 | 89 | 6 | — | — | — | — | — | 1 | — | — | — | — | — | — | — | — | — |
| Italie | 1 | — | 1 | 10 | 2 | 97 | — | — | — | 6 | 10 | 1 | — | — | — | — | 1 | — | 1 | — | — |
| Espagne | — | — | 1 | 29 | — | 1 | — | — | — | — | — | — | — | — | — | — | — | — | — | — | — |
| Hollande | — | — | — | 1 | — | — | — | — | — | — | 1 | — | — | 1 | — | — | — | — | — | — | — |
| Belgique | — | — | 1 | 3 | — | — | 4 | — | — | — | — | — | — | — | — | — | — | — | — | — | — |
| Grèce | 1 | 18 | 1 | 10 | 3 | — | 55 | 9 | — | — | 15 | — | — | — | — | — | — | — | — | — | — |
| Maroc | 1 | 14 | — | 4 | — | — | 1 | — | — | — | — | — | — | — | — | 2 | — | — | 2 | — | — |
| Tunis (régence de) | — | — | — | 1 | — | — | — | — | — | — | — | — | — | — | — | — | — | — | — | — | — |
| Constantinople | 54 | 14 | 1 | 143 | 65 | 30 | 3 | — | — | 9 | 14 | 8 | — | — | 1 | — | — | — | — | — | — |
| Turquie d'Europe | — | 2 | — | 8 | 4 | — | — | — | 1 | — | 3 | 1 | — | — | — | — | — | — | — | — | 1 |
| Turquie d'Asie | 7 | 701 | — | 9 | 8 | 5 | 9 | 1 | 7 | 25 | — | — | — | — | — | 2 | 7 | — | — | — | — |
| Syrie | 40 | 31 | 44 | 48 | 26 | 2 | 3 | — | — | 26 | 1 | — | — | — | — | — | 1 | — | — | — | — |
| Archipel Ottoman | 10 | 147 | 1 | 2 | 1 | 4 | 5 | 1 | — | 6 | — | 1 | — | — | — | — | 1 | — | — | — | — |
| Ports du Littoral Egyptien | 35 | 52 | 62 | 24 | 7 | 21 | 4 | 1 | — | — | 2 | — | — | — | — | — | — | — | — | — | — |
| Amérique | — | — | — | 3 | — | — | — | — | — | — | — | — | — | — | — | — | — | — | — | — | — |
| Malte | — | — | — | 30 | — | 1 | — | 1 | — | — | — | 1 | — | — | — | — | — | — | — | — | — |
| Inde | — | — | — | 3 | — | — | — | — | — | — | — | — | — | — | — | — | — | — | — | — | — |
| La haute Mer (sans indicat.) | 3 | — | 3 | 4 | — | 9 | — | — | — | 2 | — | — | — | 1 | — | — | — | — | — | — | — |
| | 170 | 909 | 236 | 782 | 229 | 195 | 80 | 13 | 7 | 99 | 37 | 25 | — | 3 | 2 | 4 | 10 | — | 3 | — | 1 |

| DESTINATION. | TOTAL des Navires. | à vapeur — Postaux. | à vapeur — Marchands. | de guerre — à voile. | de guerre — à vapeur. |
|---|---|---|---|---|---|
| Angleterre | 424 | 51 | 158 | — | — |
| France | 191 | 98 | 62 | 1 | 10 |
| Russie | 13 | — | 1 | — | — |
| Autriche | 117 | 64 | 3 | 2 | 3 |
| Italie | 130 | 58 | 21 | — | 3 |
| Espagne | 31 | — | 1 | — | 1 |
| Hollande | 3 | — | — | — | — |
| Belgique | 5 | — | 1 | — | — |
| Grèce | 116 | 1 | 4 | — | 3 |
| Maroc | 24 | 1 | 2 | — | 2 |
| Tunis (régence de) | 1 | — | 1 | — | — |
| Constantinople | 348 | 76 | 18 | — | 10 |
| Turquie d'Europe | 19 | — | 3 | — | 1 |
| Turquie d'Asie | 781 | 2 | 12 | 1 | 4 |
| Syrie | 242 | 109 | 53 | 1 | 1 |
| Archipel Ottoman | 179 | 8 | 2 | — | 2 |
| Ports du Littoral Egyptien | 208 | 26 | 59 | 6 | 26 |
| Amérique | 3 | — | — | — | — |
| Malte | 42 | 3 | 26 | — | 3 |
| Inde | 3 | — | — | — | — |
| La haute Mer (sans indicat.) | 24 | — | 3 | — | 21 |
| | 2904 | 497 | 432 | 11 | 90 |

## N° 12 — Navires entrés dans le Port de Suez durant l'année 1869.

**Pavillons / Total**

| Provenances. | Ottoman. | Egyptien. | Anglais. | Français. | Hollandais. | Portugais. | Espagnol. | Allemand. | Grec. | TOTAL. |
|---|---|---|---|---|---|---|---|---|---|---|
| Aden | — | 1 | 3 | 1 | — | — | — | — | — | 5 |
| Maurice | — | — | 4 | — | — | — | — | — | — | 4 |
| Abou-El-Kisan | 1 | 1 | — | — | — | — | — | — | — | 2 |
| Souakim | — | 10 | — | — | — | — | — | — | — | 10 |
| Gebel Thor | 2 | 51 | 1 | — | — | — | — | — | 5 | 59 |
| Djedda | 2 | 34 | 5 | 2 | — | — | — | — | — | 43 |
| El-Wisch | 56 | 6 | — | — | — | — | — | — | — | 62 |
| Calcutta | — | — | 27 | — | — | — | — | — | — | 27 |
| Hong-Kong | — | — | — | 12 | — | — | — | — | — | 12 |
| Moïla | 3 | 4 | — | — | — | — | — | — | — | 7 |
| Debba | 4 | — | — | — | — | — | — | — | — | 4 |
| Yambo | 4 | 4 | — | — | — | — | — | — | — | 8 |
| Cap Zafferano | — | — | 1 | — | — | — | — | — | — | 1 |
| Saïgon | — | — | — | 4 | — | — | — | — | — | 4 |
| Gemse | — | — | — | 4 | — | — | — | — | — | 4 |
| Honfaïda | — | 1 | — | — | — | — | — | — | — | 1 |
| Massaouah | — | 3 | — | — | — | — | — | — | — | 3 |
| Hodeida | — | 1 | — | — | — | — | — | — | — | 1 |
| Batavia | — | — | — | — | 1 | — | — | — | — | 1 |
| Kosseïr | — | 1 | — | — | — | — | — | — | — | 1 |
| Seychelles | — | — | 1 | — | — | — | — | — | — | 1 |
| Réunion | — | — | — | 3 | — | — | — | — | — | 3 |
| Ras-el-Garb | — | 1 | — | — | — | — | — | — | — | 1 |
| Port-Saïd | 1 | — | 7 | 2 | 1 | 1 | 1 | 1 | — | 14 |
| Bombay, rade | — | — | 80 | — | — | — | — | — | — | 80 |
| Nav. entrés en 1869 | 73 | 118 | 124 | 33 | 2 | 1 | 1 | 1 | 5 | 358 |
| — — en 1868 | 99 | 140 | 146 | 50 | — | — | — | — | — | 435 |
| Différence en plus | — | — | — | — | 2 | 1 | 1 | 1 | 5 | — |
| en 1869 en moins | 26 | 22 | 22 | 17 | — | — | — | — | — | 77 |

**Navires à Vapeur (de poste / de guerre) — Transports (à vap. / voile)**

| Provenances. | de poste Anglais. | de poste Français. | de poste Egyptiens. | de guerre Anglais. | de guerre Français. | de guerre Egyptiens. | de guerre Hollandais. | de guerre Allemands. | de guerre Espagnols. | Transp. à vap. Anglais. | Transp. à vap. Français. | Transp. voile Anglais. |
|---|---|---|---|---|---|---|---|---|---|---|---|---|
| Aden | — | — | — | — | — | 1 | — | — | — | 3 | — | — |
| Maurice | — | 3 | — | — | — | — | — | — | — | — | — | — |
| Abou-El-Kisan | — | — | — | — | — | — | — | — | — | — | — | — |
| Souakim | — | — | — | — | — | 4 | — | — | — | — | — | — |
| Gebel Thor | — | — | — | — | — | 1 | — | — | — | — | — | — |
| Djedda | 1 | — | 34 | — | — | — | — | — | — | — | — | — |
| El-Wisch | — | — | — | — | — | 1 | — | — | — | — | — | — |
| Calcutta | 27 | — | — | — | — | — | — | — | — | — | — | — |
| Hong-Kong | — | 12 | — | — | — | — | — | — | — | — | — | — |
| Moïla | — | — | — | — | — | — | — | — | — | — | — | — |
| Debba | — | — | — | — | — | — | — | — | — | — | — | — |
| Yambo | — | — | — | — | 3 | — | — | — | — | — | — | — |
| Cap Zafferano | 1 | — | — | 1 | — | — | — | — | — | — | — | — |
| Saïgon | — | — | — | — | — | — | — | — | — | — | 4 | — |
| Gemse | — | — | — | — | — | — | — | — | — | — | — | — |
| Honfaïda | — | — | — | — | — | 1 | — | — | — | — | — | — |
| Massaouah | — | — | — | — | — | 3 | — | — | — | — | — | — |
| Hodeida | — | — | — | — | 1 | — | — | — | — | — | — | — |
| Batavia | — | — | — | — | — | — | 1 | — | — | — | — | — |
| Kosseïr | — | — | — | — | — | 1 | — | — | — | — | — | — |
| Seychelles | — | — | — | — | — | — | — | — | — | — | — | 1 |
| Réunion | — | — | — | — | — | — | — | — | — | — | 3 | — |
| Ras-el-Garb | — | — | — | — | — | — | — | — | — | — | — | — |
| Port-Saïd | — | — | — | — | — | — | 1 | 1 | 1 | — | — | — |
| Bombay, rade | 53 | — | — | — | 1 | — | — | — | — | 6 | — | — |
| Nav. entrés en 1869 | 82 | 15 | 42 | 2 | 3 | 16 | 2 | 1 | 1 | 9 | 7 | — |
| — — en 1868 | 71 | 25 | 50 | 11 | 6 | 22 | — | — | — | 39 | — | 8 |
| Différence en plus | 11 | — | — | — | — | — | 2 | 1 | 1 | — | 7 | — |
| en 1869 en moins | — | 10 | 8 | 9 | 3 | 6 | — | — | — | 30 | — | 8 |

**Navires de Commerce (à vapeur / à voile) — Total — En Quarantaine**

| Provenances. | à vapeur Anglais. | à vapeur Français. | à vapeur Ottomans. | à voile Anglais. | à voile Français. | à voile Ottomans. | à voile Egyptiens. | à voile Portugais. | à voile Grecs. | TOTAL. | EN QUARANTAINE. |
|---|---|---|---|---|---|---|---|---|---|---|---|
| Aden | — | — | — | — | — | — | — | — | — | 5 | — |
| Maurice | — | — | — | — | — | — | — | — | — | 4 | — |
| Abou-El-Kisan | — | — | 1 | — | — | — | — | — | — | 2 | — |
| Souakim | — | — | — | — | — | — | — | — | — | 10 | 3 |
| Gebel Thor | — | — | — | — | — | 2 | 42 | — | 5 | 59 | 7 |
| Djedda | 4 | 2 | — | — | — | — | 2 | — | — | 43 | 13 |
| El-Wisch | — | — | — | — | — | 56 | 5 | — | — | 62 | 7 |
| Calcutta | — | — | — | — | — | — | — | — | — | 27 | — |
| Hong-Kong | — | — | — | — | — | — | — | — | — | 12 | — |
| Moïla | — | — | — | — | — | 3 | 4 | — | — | 7 | — |
| Debba | — | — | — | — | — | 4 | — | — | — | 4 | — |
| Yambo | — | — | — | — | — | 4 | 1 | — | — | 8 | 3 |
| Cap Zafferano | — | — | — | — | — | — | — | — | — | 1 | — |
| Saïgon | — | — | — | — | — | — | — | — | — | 4 | — |
| Gemse | — | 4 | — | — | — | — | — | — | — | 4 | — |
| Honfaïda | — | — | — | — | — | — | — | — | — | 1 | — |
| Massaouah | — | — | — | — | — | — | — | — | — | 3 | — |
| Hodeida | — | — | — | — | — | — | — | — | — | 1 | — |
| Batavia | — | — | — | — | — | — | — | — | — | 1 | — |
| Kosseïr | — | — | — | — | — | — | — | — | — | 1 | — |
| Seychelles | — | — | — | — | — | — | — | — | — | 1 | — |
| Réunion | — | — | — | — | — | — | — | — | — | 3 | — |
| Ras-el-Garb | — | — | — | — | — | — | — | — | — | 1 | — |
| Port-Saïd | 6 | 1 | 1 | 1 | 1 | — | — | 1 | — | 14 | — |
| Bombay, rade | 20 | — | — | — | — | — | — | — | — | 80 | — |
| Nav. entrés en 1869 | 30 | 7 | 2 | 1 | 1 | 90 | 62 | 1 | 5 | 358 | 33 |
| — — en 1868 | 15 | 16 | — | 2 | 3 | 99 | 68 | — | — | 435 | 70 |
| Différence en plus | 15 | — | 2 | — | — | — | — | 1 | 5 | — | — |
| en 1869 en moins | — | 9 | — | 1 | 2 | 30 | 6 | — | — | 77 | 37 |

**Passagers (Civils / Militaires) — Total — Portée (Navires de guerre exceptés)**

| Provenances. | Civils Pr l'Egypte. | Civils En Transit. | Civils Pèlerins. | Militaires Anglais. | Militaires Français. | Militaires Egyptiens. | TOTAL. | Kilo. | Tonneaux. |
|---|---|---|---|---|---|---|---|---|---|
| Aden | 18 | 181 | — | 712 | 946 | — | 1857 | — | — |
| Maurice | — | 123 | — | — | — | — | 123 | 88280 | — |
| Abou-El-Kisan | 3 | — | — | — | — | — | 3 | — | — |
| Souakim | 361 | — | — | — | — | — | 361 | 103240 | — |
| Gebel Thor | 20 | 20 | 6296 | — | — | 146 | 192 | 14935 | — |
| Djedda | 430 | 574 | 81 | — | — | — | 7300 | 1398828 | — |
| El-Wisch | 119 | — | — | — | — | — | 200 | 93629 | — |
| Calcutta | — | 3045 | — | — | — | — | 3045 | 1912350 | — |
| Hong-Kong | — | 2190 | — | — | — | — | 2190 | 987710 | — |
| Moïla | — | — | — | — | — | — | — | 5300 | — |
| Debba | — | — | 2171 | — | — | — | — | 5750 | — |
| Yambo | 24 | — | — | — | — | — | 2195 | 143110 | — |
| Cap Zafferano | — | 25 | — | — | — | — | 25 | 60000 | — |
| Saïgon | — | 65 | — | — | 3254 | — | 3319 | — | — |
| Gemse | 5 | 37 | — | — | — | — | 42 | 35200 | — |
| Honfaïda | 9 | — | — | — | — | — | 9 | — | — |
| Massaouah | 19 | — | — | — | — | 51 | 70 | — | — |
| Hodeida | 33 | — | — | — | — | — | 33 | 27240 | — |
| Batavia | — | — | — | — | — | — | — | — | — |
| Kosseïr | — | — | — | — | — | — | — | — | — |
| Seychelles | — | — | — | — | — | — | — | — | — |
| Réunion | 3 | — | — | — | 194 | — | 197 | — | — |
| Ras-el-Garb | — | — | — | — | — | — | — | 250 | — |
| Port-Saïd | — | 7 | — | — | — | — | 7 | 234400 | — |
| Bombay, rade | 173 | 3822 | — | 4084 | — | — | 8079 | 4219380 | — |
| Nav. entrés en 1869 | 1217 | 10005 | 8548 | 4796 | 4394 | 107 | 29247 | 0389602 | 234740 2/40 |
| — — en 1868 | 5311 | 9271 | 5793 | 8808 | 2956 | 1208 | 33347 | 11848465 | 296211 25/40 |
| Différence en plus | 824 | 2755 | — | 1438 | — | — | — | — | — |
| en 1869 en moins | 4094 | — | 4012 | — | 1011 | 4100 | 2458863 | 61471 29/40 | |

Nota. — Dans les provenances de Port-Saïd, ne sont pas compris les Navires qui mouillèrent en rade de Suez pendant les jours de l'inauguration du Canal Maritime.

**N° 13. — Navires entrés dans le Port de Port-Saïd durant l'Année 1869.**

### PAVILLONS

| PROVENANCES. | Ottoman. | Egyptien. | Français. | Italien. | Anglais. | Autrichien. | Russe. | Suède et Norvège. | Belge. | Jérusalémite. | Grec. | Samiotte. | Allemagne du N. | Américain. | Danois. | Hollandais. | Espagnol. | Portugais. | TOTAL. |
|---|---|---|---|---|---|---|---|---|---|---|---|---|---|---|---|---|---|---|---|
| Égypte | 35 | 74 | 101 | 20 | 22 | 34 | 26 | 2 | — | — | 3 | 1 | — | — | — | 1 | 1 | — | 320 |
| Turquie | 442 | 44 | 37 | 1 | 10 | 32 | 34 | — | — | 1 | 39 | 7 | 6 | — | — | 1 | — | — | 654 |
| France | — | — | 24 | 10 | 2 | 20 | — | — | — | — | 11 | — | — | — | — | — | — | — | 67 |
| Italie | — | — | 5 | 3 | — | — | 1 | — | — | — | 1 | — | — | — | — | — | 1 | — | 11 |
| Angleterre | 1 | — | 1 | 54 | 64 | 60 | 12 | 17 | — | — | 3 | — | 9 | — | — | — | — | — | 221 |
| Autriche | — | — | — | — | — | 2 | — | — | — | — | — | — | — | — | — | — | — | — | 2 |
| Grèce | — | — | — | 1 | — | 4 | 1 | — | — | — | 34 | — | — | — | — | — | — | — | 40 |
| Belgique | — | — | — | — | — | — | — | — | — | — | — | — | — | — | — | — | — | — | — |
| Espagne | — | — | — | — | — | — | — | — | — | — | — | — | — | — | — | 1 | — | — | 1 |
| Portugal | — | — | — | — | — | — | — | — | — | — | — | — | — | — | — | — | — | 1 | 1 |
| Samos | — | — | — | — | — | — | — | — | — | — | — | 3 | — | — | — | — | — | — | 3 |
| Navires arrivés en 1869 | 478 | 118 | 168 | 89 | 98 | 152 | 74 | 19 | — | 1 | 91 | 11 | 15 | — | 1 | 2 | 2 | 1 | 1320 |
| » » en 1868 | 366 | 84 | 141 | 49 | 94 | 150 | 68 | 17 | — | 2 | 94 | 10 | 7 | 1 | 1 | — | — | — | 1084 |
| Différence en plus | 112 | 34 | 27 | 40 | 4 | 2 | 6 | 2 | — | — | — | — | 8 | — | — | 2 | 2 | 1 | 236 |
| » en moins | — | — | — | — | — | — | — | — | — | 1 | 3 | 1 | — | 1 | — | — | — | — | — |

### NAVIRES — TONNAGES EN KILO (Navires de guerre exceptés) — PASSAGERS

(Postaux, De guerre et Marchands sont « à vapeur ».)

| PROVENANCES. | Pour Port-Saïd. | En relâche. | Pour l'Inde. | En pratique. | En observation. | Postaux. | De guerre. | Marchands. | Marchand. à voile. | TOTAL. | 1869. | 1868. | Civils. | Militaires. | TOTAL. |
|---|---|---|---|---|---|---|---|---|---|---|---|---|---|---|---|
| Égypte | 318 | — | 2 | 318 | 2 | 149 | 45 | 53 | 73 | 320 | 6791902 | 5029230 | 13097 | 119 | 13216 |
| Turquie | 652 | — | 2 | 648 | 6 | 125 | 14 | 6 | 509 | 654 | 4960790 | 3844903 | 10727 | 1430 | 12157 |
| France | 64 | — | 3 | 64 | 3 | 2 | — | 6 | 59 | 67 | 1157777 | 1114318 | 164 | — | 164 |
| Italie | 10 | — | 1 | 11 | — | 3 | — | 4 | 4 | 11 | 121280 | 29840 | 185 | — | 185 |
| Angleterre | 211 | — | 10 | 207 | 14 | 1 | 1 | 12 | 207 | 221 | 4332586 | 3214941 | 36 | — | 36 |
| Autriche | 2 | — | — | 2 | — | — | — | — | 2 | 2 | 26502 | 136000 | — | — | — |
| Grèce | 40 | — | — | 39 | 1 | 2 | 4 | — | 34 | 40 | 118080 | 56830 | 590 | — | 590 |
| Belgique | — | — | — | — | — | — | — | — | — | — | — | — | — | — | — |
| Espagne | 1 | — | — | 1 | — | — | 1 | — | — | 1 | 7560 | — | — | — | — |
| Portugal | — | — | 1 | 1 | — | — | — | — | 1 | 1 | 16800 | — | — | — | — |
| Samos | 3 | — | — | 3 | — | — | — | — | 3 | 3 | 5120 | — | 16 | — | 16 |
| Navires arrivés en 1869 | 1301 | — | 19 | 1294 | 26 | 282 | 65 | 81 | 892 | 1320 | 17538457 | 13426262 | 24815 | 1549 | 26364 |
| » » en 1868 | 1074 | 10 | — | 1082 | 2 | 217 | — | 45 | 822 | 1084 | — | — | 19056 | — | 19056 |
| Différence en plus | 227 | — | 19 | 212 | 24 | 65 | 65 | 36 | 70 | 236 | 4113195 | — | 5759 | 1549 | 7308 |
| » en moins | — | 10 | — | — | — | — | — | — | — | — | — | — | — | — | — |

OBSERVATIONS. — Tonnages de 1868 et 1869, 17,538,457 kilo = 438,486 ton. en 1869. 13,426,262 kilo. = 335,656 22/40 ton en 1868.
En plus ton. 102,829 35/40 en 1869.

N° 14. — Navires entrés dans le Port de Damiette durant l'année 1869.

| PROVENANCES. | PAVILLONS. | | | | | | TOTAL. | à voile. | A VAPEUR. | | | | PASSAGERS. | | | TONNAGE en KILOS. |
| --- | --- | --- | --- | --- | --- | --- | --- | --- | --- | --- | --- | --- | --- | --- | --- | --- |
| | Ottoman. | Grec. | Egyptien. | Français. | Samiotte. | Jérusalemit. | | | Postal. | marchand. | de guerre. | Total. | Civils. | Militaires. | Total. | |
| Alexandrie............ | 50 | 1 | — | — | — | — | 51 | 51 | — | — | — | 51 | 13 | — | 13 | 179.100 |
| Port-Saïd............. | 49 | — | 1 | 3 | 1 | — | 54 | 52 | — | 2 | — | 54 | 14 | — | 14 | 134.850 |
| Empire Ottoman....... | 327 | — | — | — | 7 | 5 | 339 | 339 | — | — | — | 339 | 155 | — | 155 | 1.023.420 |
| El-Arich.. ........... | 1 | — | — | — | — | — | 1 | 1 | — | — | — | 1 | — | — | — | 1.000 |
| Navires arrivés en 1869 | 427 | 1 | 1 | 3 | 8 | 5 | 445 | 443 | — | 2 | — | 445 | 182 | — | 182 | 1.338.370 |
| » » en 1868 | 409 | 9 | 264 | — | 5 | — | 687 | 687 | — | — | — | 687 | 415 | — | 415 | 1.548.772 |
| Différence en plus...... | 18 | — | — | 3 | 3 | 5 | — | — | — | 2 | — | — | — | — | — | |
| » en moins.... | — | 8 | 263 | — | — | — | 242 | 244 | — | — | — | 242 | 233 | — | 233 | 210.402 |

N.B. — Le tonnage est calculé en kilos de Constantinople, de 40 par tonneau.

## N° 15 — BATIMENTS ENTRÉS DANS LE PORT D'EL-ARICH

### DURANT L'ANNÉE 1869.

| PROVENANCES | Pavillon. | DÉTAIL. | | | | | TOTAL. | PASSAGERS. | | BATEAUX A VAPEUR | | TONNAGE en KILOS. |
|---|---|---|---|---|---|---|---|---|---|---|---|---|
| | | Brigantins. | Saccolevas. | Bombardes. | Bottanes. | Felouques. | | Civils. | Militaires. | Postaux. | Marchands. | |
| Alexandrie... ...... | Ottoman. | 1 | 1 | 2 | » | » | 4 | » | » | » | » | 11.500 |
| Port-Saïd ......... | » | » | 5 | 2 | 3 | 1 | 11 | » | » | » | » | 6.640 |
| Damiette ......... | » | » | » | 1 | » | » | 1 | » | » | » | » | 1.000 |
| Jaffa ............. | » | » | 1 | » | 3 | 2 | 6 | » | » | » | » | 1.540 |
| Total.. | » | 1 | 7 | 5 | 6 | 3 | 22 | » | » | » | » | 20.608 |

N° 16. — Navires entrés dans le Port de Kosseïr durant l'année 1869.

| PROVENANCES. | PAVILLONS. | | | | | NAVIRES A VAPEUR de poste. | NAVIRES A VAPEUR de guerre. | NAVIRES de Commerce. | | |
|---|---|---|---|---|---|---|---|---|---|---|
| | Ottoman. | Egyptien. | Anglais. | Français. | TOTAL. | Egyptiens. | Egyptiens. | Anglais. | Français. | Egyptiens. |
| Djeddah | — | 59 | — | — | 59 | — | — | — | — | — |
| Jambo | — | 55 | — | — | 55 | — | — | — | — | 1 |
| El-Widg | — | 24 | — | — | 24 | — | — | — | — | — |
| Guherr | — | 50 | — | — | 50 | — | — | — | — | — |
| Debba | — | 1 | — | — | 1 | — | — | — | — | — |
| Gebel Tor | — | 1 | — | — | 1 | — | — | — | — | — |
| Suez | — | 4 | — | — | 4 | — | 1 | — | — | — |
| Souakim | — | 1 | — | — | 1 | — | — | — | — | — |
| Cap Bauossa | — | 3 | — | — | 3 | — | — | — | — | — |
| Biscéria | — | 6 | — | — | 6 | — | — | — | — | — |
| Auad-il-Gameh | — | 3 | — | — | 3 | — | — | — | — | — |
| Acaba | — | 2 | — | — | 2 | — | — | — | — | — |
| Navires arrivés { en 1869 | — | 209 | — | — | 209 | — | 1 | — | — | 1 |
| { en 1868 | — | 290 | — | 2 | 292 | — | — | — | 2 | — |
| Différence en 1869 { en plus | — | — | — | — | — | — | 1 | — | — | 1 |
| { en moins | — | 81 | — | 2 | 83 | — | — | — | 2 | — |

| PROVENANCES. | NAVIRES à voile. | | | | | | EN QUARANTAINE. | PASSAGERS. Civils. | | | PASSAGERS. Militres. | | | TOTAL. | PORTÉE (Navires de guerre exceptés) | |
|---|---|---|---|---|---|---|---|---|---|---|---|---|---|---|---|---|
| | Français. | Ottomans. | Egyptiens. | Grecs. | Autrichiens. | TOTAL. | | Pour l'Egypte. | En transit. | Pèlerins. | Anglais. | Français. | Egyptiens. | | Tonneaux. | Kilos. |
| Djeddah | — | — | 59 | — | — | 59 | 24 | 167 | — | 403 | — | — | — | 570 | 6992.20 | 279700 |
| Jambo | — | — | 54 | — | — | 55 | 18 | 84 | — | 1360 | — | — | — | 1444 | 5722.24 | 228904 |
| El-Widg | — | — | 24 | — | — | 24 | 10 | 17 | — | 542 | — | — | — | 559 | 1321.10 | 52850 |
| Guherr | — | — | 50 | — | — | 50 | — | 57 | — | — | — | — | — | 57 | 550 — | 22000 |
| Debba | — | — | 1 | — | — | 1 | — | — | — | — | — | — | — | — | 10 — | 400 |
| Gebel Tor | — | — | 1 | — | — | 1 | — | — | — | — | — | — | — | — | 5 — | 200 |
| Suez | — | — | 3 | — | — | 4 | 3 | — | — | — | — | — | — | — | 645 — | 25800 |
| Souakim | — | — | 1 | — | — | 1 | — | — | — | — | — | — | — | — | 25 — | 1000 |
| Cap Bauossa | — | — | 3 | — | — | 3 | — | — | — | — | — | — | — | — | 47. 6 | 1886 |
| Biscéria | — | — | 6 | — | — | 6 | — | — | — | — | — | — | — | — | 35 — | 1400 |
| Auad-il-Gameh | — | — | 3 | — | — | 3 | — | — | — | — | — | — | — | — | 7 20 | 300 |
| Acaba | — | — | 2 | — | — | 2 | — | — | — | — | — | — | — | — | 205 — | 8200 |
| Navires arrivés { en 1869 | — | — | 207 | — | — | 209 | 55 | 325 | — | 2305 | — | — | — | 2030 | 15506 — | 622640 |
| { en 1868 | — | — | 290 | — | — | 292 | 60 | 234 | — | 2464 | — | — | — | 2690 | 22578.36 | 903156 |
| Différence en 1869 { en plus | — | — | — | — | — | — | — | 91 | — | — | — | — | — | — | — | — |
| { en moins | — | — | 83 | — | — | 83 | 14 | — | — | 159 | — | — | — | 60 | 7012.36 | 280516 |

N° 17. — Navires entrés dans le port de Souakim durant l'année 1869.

| PROVENANCES. | Ottoman. (PAVILLONS) | Egyptien. | Anglais. | Français. | TOTAL. | Anglais. (N. à vapeur, de poste) | Français. | Egyptiens. | Anglais. (de guerre) | Français. | Egyptiens. | Anglais. (N. de Commerce, à vapeur) | Français. | Anglais. (à voile) | Français. | Ottomans. | Egyptiens. | TOTAL. | EN QUARANTAINE. | Pr l'Egypte. | En transit. (Civils) | Pèlerins. | Anglais. (Militaires) | Français. | Egyptiens. | TOTAL. | Tonneaux. (PORTÉE) | Kilos. |
|---|---|---|---|---|---|---|---|---|---|---|---|---|---|---|---|---|---|---|---|---|---|---|---|---|---|---|---|---|
| Suez............ | — | 10 | — | — | 10 | — | — | 1 | — | — | 9 | — | — | — | — | — | — | 10 | 4 | — | 150 | — | — | — | 919 | 1069 | — | — |
| Djeddah........ | 49 | 4 | — | — | 53 | — | — | 3 | — | — | 1 | — | — | — | — | 49 | — | 53 | 20 | — | 519 | 952 | — | — | — | 1471 | 1577 20/40 | 63100 |
| Massaouah...... | 15 | 16 | — | — | 31 | — | — | 15 | — | — | 1 | — | — | — | — | 15 | — | 31 | 4 | — | 573 | — | — | — | 236 | 809 | 461 10/40 | 18450 |
| Kosseïr........ | 1 | — | — | — | 1 | — | — | — | — | — | — | — | — | — | — | 1 | — | 1 | 1 | — | 2 | — | — | — | — | 2 | 25 | 1000 |
| Aghigh......... | 32 | — | — | — | 32 | — | — | — | — | — | — | — | — | — | — | 32 | — | 32 | 2 | — | 147 | — | — | — | — | 147 | 295 | 11800 |
| Giunfeda....... | 8 | — | — | — | 8 | — | — | — | — | — | — | — | — | — | — | 8 | — | 8 | 4 | — | — | — | — | — | — | — | 246 10/40 | 9850 |
| Salines de Souakim. | 11 | — | — | — | 11 | — | — | — | — | — | — | — | — | — | — | 11 | — | 11 | 6 | — | 14 | — | — | — | — | 14 | 391 10/40 | 15650 |
| | 116 | 30 | — | — | 146 | — | — | 19 | — | — | 11 | — | — | — | — | 116 | — | 146 | 41 | — | 1405 | 952 | — | — | 1155 | 3512 | 2996 10/40 | 119850 |

## N° 18 — Navigation par le Canal Maritime de Suez (1869-1870).

| MOIS. | NAVIRES | | BARQUES. |
| --- | --- | --- | --- |
| | Nombre. | TONNAGE. | |
| 1869 Novembre 17, 18, 19, 20 (inauguration) | 130 | 89,987 | » |
| Du 21 au 30.......... | 1 | | 72 |
| Décembre. ... ... .......... | 9 | | 161 |
| 1870 Janvier...................... | 16 | 144,597 | 151 |
| Février..................... | 29 | | 191 |
| Mars....................... | 53 | | 200 |
| Avril...................... .. | 37 | | 165 |
| Totaux............ | 275 | 234,564 | 940 |

**N. B.** — Tous les navires ci-dessus sont des navires à vapeur, sauf 6 voiliers jaugeant ensemble 2,412 tonneaux.

## Nº 19. — Travaux exécutés de 1863 à 1868 dans l'intérêt de l'Agriculture.

Il me suffira pour justifier l'excédant de notre dette d'énumérer les travaux importants qui ont été exécutés dans ces derniers temps.

Je citerai en première ligne, les nouvelles voies ferrées dans une étendue de huit cent cinquante milles. Les résultats que ces nouveaux moyens de communication ont produits dans l'intérêt de la prospérité du pays sont trop évidents pour que j'áie besoin d'insister. Quant aux dépenses occasionnées par ces travaux, le Ministère des Finances les a prises à sa charge en acceptant le remboursement de l'emprunt du chemin de fer montant à quatre millions de livres, et le retrait, au moyen des ressources du dernier emprunt, des bons émis par l'Administration du Chemin de fer, pour la somme de trois millions de livres. Je citerai encore quatre pont-levis, l'un sur le Canal de l'Ouady et les trois autres sur le parcours du chemin de fer de la Haute-Égypte, cent ponts ordinaires, dont quarante dans la Basse-Égypte et soixante dans la Haute-Égypte, deux ponts mobiles sur le Canal Mahmoudyé près de la gare du chemin de fer d'Alexandrie ; le bassin de Suez, le quai de débarquement et l'agrandissement du port de Suez, enfin un grand nombre de constructions et de travaux d'un autre ordre, mais non moins utiles, exécutés dans la Haute et la Basse-Égypte, dans les villes du Caire et d'Alexandrie et dans d'autres villes de l'Egypte.

Après cette énumération, je crois utile de mettre sous vos yeux le tableau des travaux exécutés dans les diverses provinces, dans l'intérêt de l'agriculture et spécialement pour l'irrigation des terrains.

RÉCAPITULATION :

207 ponts,

10 { canaux, déversoirs, fossés, canaux d'écoulement,

25 { acqueducs, siphons, conduits voûtés, pertuis,

5 écluses,

30 portes d'écluses,

1 pont flottant,

4 quais en pierre.

_______

312

*(Extrait du discours du Khédive à l'ouverture de l'Assemblée des Délégués, le 27 janvier 1870).*

## N° 20. — Réseau des Chemins de Fer Egyptiens en 1870.

1° *Lignes construites :*

| | | |
|---|---:|---|
| d'Alexandrie au Caire | 212 | kil. |
| de Galioub à Mansoura par Bilbeïs | 144 | » |
| de Zagazig à Benah | 38 | » |
| de Tantah à Mansoura par Samanoud | 51 | » |
| de Zifte à Mehallet-Roh | 22 | » |
| de Dessouk à Mehallet-Roh | 54 | » |
| de Mit-Berry à Benha | 11 | » |
| de Zagazig à Suez | 160 | » |
| du Caire à Minieh | 225 | » |
| de Talka à Chibin-el-Kom | 80 | » |
| Embranchement du Barrage | 14 | « |
| Embranchement du Fayoum | 24 | » |
| du Caire à Suez (ligne abandonnée) | 144 | » |
| TOTAL | 1.179 | kil. |

2° *Lignes en construction :*

| | | |
|---|---:|---|
| de Dessouk à Damanhour (ligne de Rahmanyé) | 225 | » |
| de Dessouk à Cherbin et Damiette (ligne basse du Delta) | 112 | » |
| de Minieh à Assouan, environ | 610 | » |
| TOTAL | 947 | kil. |

Les chemins de fer ci-dessus, construits et exploités par le Gouvernement, sont à une seule voie, sauf la ligne d'Alexandrie au Caire, qui a deux voies.

Le Chemin de fer particulier d'Alexandrie à Ramlé, construit et exploité par une Société anonyme, a 8 kilomètres de longueur environ (5 milles 350 yards) à une voie.

## Nᵒ 21. — Réseau des Télégraphes en 1870.

1º Lignes télégraphiques du Gouvernement *en exploitation :*

| | | | |
|---|---|---|---|
| d'Alexandrie au Caire | (service européen) | 212 | Kil. |
| du Caire à Suez | » | 144 | » |
| du Caire à Gaza | » | 459 | » |
| d'Alexandrie au Caire | (service arabe) | 212 | » |
| du Caire à Suez | » | 144 | » |
| du Caire à Gaza | » | 459 | » |
| de Galioub à Mansourah | » | 144 | » |
| de Benha à Zagazig | » | 38 | » |
| de Tanta à Mansourah | » | 51 | » |
| de Zifté à Mehallet-Roh | » | 22 | » |
| de Dessouk à Mehallet-Roh | » | 54 | » |
| de Benha à Mit-Berry | » | 11 | » |
| de Zagazig à Suez | » | 160 | » |
| de Chibin à Talka | » | 80 | » |
| de Talka à Damiette | » | 77 | » |
| du Caire au Barrage | » | 14 | » |
| de Birket à Chibin | » | 18 | » |
| de Damanhour à l'Atfé | » | 16 | » |
| de l'Atfé à Rosette | » | 58 | » |
| de Béni-Souef à Médinet-Fayoum | » | 24 | » |
| du Caire à Minieh | » | 225 | » |
| de Minieh à Wady-Halfeh | » | 1,255 | » |
| de Wady-Halfeh à Dongola (Ourdieh) | » | 750 | » |
| de Dongola à Berber | » | 540 | » |
| de Berber à Karthoum | » | 480 | » |

Total des lignes en exploitation.... 5.647 Kil.

2º Lignes télégraphiques du Gouvernement, *en cours de construction :*

de Berber à Souakim..................... 150 Kil.

Toutes les lignes ci-dessus sont à deux fils, sauf celle d'Alexandrie au Caire qui en a quatre, et celle de Gaza qui n'en a qu'un pour chaque service. — Le système généralement employé est le système Morse.

Il existe en Egypte diverses lignes télégraphiques particulières, c'est-à-dire n'appartenant pas au Gouvernement; ce sont :

1° les lignes privées, propriété du Souverain, aux environs d'Alexandrie et du Caire, d'une longueur totale de 26 kilomètres ;

2° la ligne de Port-Saïd à Suez, propriété de la C^{ie} du canal maritime et exploitée par elle pour les seuls besoins de son service, d'une longueur d'environ 160 kilomètres ;

3° la ligne d'Alexandrie au Caire et à Suez, appartenant à une C^{ie} anglaise, et exploitée par elle pour le service public ; — longueur, 240 kilomètres environ ;

4° la ligne télégraphique du chemin de fer d'Alexandrie à Ramlé, longueur 8 kilomètres.

Indépendamment de la ligne terrestre de Gaza qui la met en correspondance avec la Syrie et Constantinople, l'Egypte est encore reliée à l'Europe par le télégraphe sous-marin d'Alexandrie à Malte et en Sicile ; elle est en outre reliée aux Indes par un câble télégraphique sous-marin, de Suez à Aden et à Bombay, posé à la fin de l'année 1869.

## N° 22. — Phares Égyptiens.

---

L'éclairage du littoral Égyptien comportait, il y a un an :

*Sur la mer Méditerranée*,

    1° le phare d'Alexandrie ,
    2° le phare de Port-Saïd ;

*Sur la mer Rouge*,

    1° le phare de Suez, feu flottant, en rade, d'une portée de 6 à 8 milles ;

    2° le phare de la pointe Zafarana, feu fixe, élévation de 83 pieds anglais, portée de 14 milles ;

    3° le phare de Dedalus, feu fixe, élévation de 61 pieds anglais, portée de 14 milles ;

    4° le phare de l'île de Jubal, feu tournant, à éclat de minute en minute, élévation au-dessus de la mer 125 pieds anglais, portée 18 milles.

Outre les phares ci-dessus, qui subsistent tous actuellement, dans le cours de l'année 1869 ont été établis 3 nouveaux phares sur le littoral de la *mer Méditerranée*.

    1° le phare de Rosette, feu à éclats alternativement rouges et blancs ;

    2° le phare de Brulos, feu fixe blanc ;

3° le phare de Damiette, feu blanc à éclipses ; ces derniers feux sont allumés depuis le 1er mars 1870.

Un autre phare est actuellement en cours de construction sur la Mer Rouge au banc de Kata-el-Kibir (rade de Suez) ; il remplacera le feu flottant actuel, et aura une portée de 18 milles.

La construction de deux autres phares sur la mer Rouge a été décidée : ils seront établis à Ras-el-Gharib et à Souakim, et seront éclairés par des feux de premier ordre dans le courant de l'année 1871.

Enfin, plusieurs autres phares sont actuellement à l'état de projet, ce sont :

*Sur la mer Méditerranée :*

> un aux passes d'Alexandrie pour éclairer l'entrée de nuit dans le port ;
> un au golfe des Arabes ;
> un au Marabout ;
> un à Ras-el-Erch (à l'est de Port-Saïd) ;

*Sur la mer Rouge :*

> un à l'île des Frères.

## N° 23.— Routes de terre.

Toutes les digues du Nil, de ses branches et des canaux, tiennent lieu de routes de terre : en tenant compte, dans ce nombre, des canaux principaux énumérés à l'article *voies navigables*, on obtient un développement de routes sur digues principales, de 4,170 kilomètres, non compris tous les chemins de petite vicinalité.

Aux routes principales ci-dessus, il convient d'ajouter les grandes voies ci-après :

1° Dans la Haute-Egypte, la grande vallée de Kosseïr, qui, aboutissant à l'ouest, vers la ville de Kéneh, sert de ligne de communication dans cette région, entre les pays nilotiques et la mer Rouge. Les caravanes à chameaux emploient quatre jours pour aller de Kéneh à Kosseïr, et trois seulement pour revenir de Kosseïr à Kéneh.

Une seconde ligne est celle des oasis du désert libyque, qu'elle relie aux villes d'Esneh et de Siout. La durée du trajet est de huit à dix jours.

Enfin une troisième ligne remonte de Kéneh vers le nord-est pour aboutir au port de Gebel-Zeït.

2° Dans la moyenne Egypte, une grande ligne de communication part de la ville de Minieh pour aller aboutir aux petits oasis du désert libyque. Une autre ligne conduit de Béni-Souef dans le Fayoum et dans l'oasis de Jupiter-Ammon.

3° Dans la Basse-Egypte, une grande route ferrée conduit du Caire à Suez : en outre, des routes accessibles seulement aux caravanes relient le Caire à Bilbeis, à Salakieh et aux lacs de Natron.

## N° 24. — Voies navigables.

Les voies navigables intérieures, comprennent :

1° Le Nil depuis Assouan (1ʳᵉ cataracte) jusqu'à la mer par les deux embouchures de Damiette et de Rosette; son développement est de près de 3,000 Kilomètres;

2° Les 11 canaux navigables pendant toute l'année et qui sont :

Le Canal de l'Ouady et sa prolongation du Caire à Suez, 200 kil ;

Le Cherkewieh, du Caire à Masrof Abou-l'Akhdar , 200 kil ;

Le Bahr El-Moussa, de Benha au lac Menzaleh , 140 kil ;

Le Bahr El-Saghir, de Mansourah à Menzaleh , 80 kil ;

Le Bahr Ech-Chebin, de Harimein à Damiette , 170 kil ;

Le Badjourieh, de Kafr Mahmoud au lac Brullos , 120 kil ;

Le Bahr Es-Saad, de Mit-Abou-Galib à Bahr Maba-roh près la mer, 20 kil ;

*Tous alimentés par la branche nilotique de Da-miette ;*

Le Bahr Es-Saïdy, de Dessouk au lac Brullos , 25 kil ;

Le Mahmoudieh, de l'Atfeh à Alexandrie, 75 kil ;

Le Katatbeh, de Abou-Chibah au Mahmoudieh. 110 kil :

*Tous alimentés par la branche nilotique de Ro-*
*sette ;*

Le Bahr Youssef, de Monfalout au Fayoum , 140
kil;

3° Le Canal maritime, de Suez à Port-Saïd , 160 kil;

4° Les Lacs, savoir :

Le Lac Menzaleh (surface de 180,000 à 250,000
hectares);
Le Lac Brullos (de 70,000 à 110,000 hectares);
Le Lac Maréotis (de 55,000 à 75,000 hectares) ;
Le Lac d'Edko (de 34,000 hectares en moyenne) :
Le Lac Madich ou d'Aboukir (de 14,000 hectares);
Le Birket El-Balah (Etang des Dattes) de 6,000
hectares;
Le Sebkak Bardonat (Lac Sirbon) 70,000 hectares ;
Les Lacs Amers et Timsah, de 30,000 hectares;
Les Lacs de Natron , 6,000 hectares;
Le Birket El-Keroun (ancien Lac Mœris) 26,000
hectares;
Le Birket El-Hag, 4,000 hectares.

## N° 25.— Transports intérieurs par route et chemins de fer.

En 1866, le matériel roulant, servant à l'exploitation des différentes lignes de chemins de fer, se composait de 165 locomotives, (108 fabriquées en Angleterre, 39 en France, 12 en Belgique, 4 en Allemagne, 2 aux Etats-Unis d'Amérique), et de 3731 wagons, dont 560 pour voyageurs, 2923 pour marchandises, 228 pour chevaux et bestiaux, et 20 pour le service de la poste.

A la même époque, le nombre de tonnes de marchandises transportées par les chemins de fer du Gouvernement, s'élevait à 500.000 environ.

Depuis lors, le réseau du chemin de fer exploité étant monté de 673 à 1179 kilomètres, c'est-à-dire ayant presque doublé, on est autorisé à en conclure que le matériel a dû être augmenté au moins d'un tiers, et que le trafic a dû accroître dans la même proportion, ce qui porterait le matériel roulant à 220 locomotives et 5008 wagons, et le nombre de tonnes transportées annuellement à 666,000.

Le chemin de fer particulier d'Alexandrie à Ramlé a transporté pendant l'année 1869, 532,878 passagers, de toute classe.

## N° 26. — Transit international par la voie des chemins de fer d'Alexandrie à Suez
### ( EN 1869 ).

*Marchandises, grande vitesse.*

D'Alexandrie à Suez..... .............. colis   45.952
De Suez à Alexandrie....... ........... »   84.431

*Marchandises, petite vitesse.*

D'Alexandrie à Suez...... ... .......... colis 175.017
De Suez à Alexandrie.............. . .... »   240.684

*Voyageurs civils.*

D'Alexandrie à Suez......... ... .........   5.863
De Suez à Alexandrie........................   10.095

*Militaires en troupes* ( anglais, français, ottomans ).

D'Alexandrie à Suez..................... ...   14.874
De Suez à Alexandrie.................. .. ..   9.190

*Bagages.*

D'Alexandrie à Suez........................   75.000
De Suez à Alexandrie.................. ......   80.000

*Malles-poste.*

D'Alexandrie à Suez ......... sacs et caisses   26.000
De Suez à Alexandrie................. ......   13.000

## N° 27. — Navigation intérieure par le Nil et les Canaux.

Le nombre des bateaux à vapeur, qui appartiennent tant à la Daïra du Khédive, qu'au Gouvernement comme cessionnaire de l'ancienne Cie Azizié, et qui naviguent sur le Nil et les Canaux, est de 39, d'une force de 2.470 chevaux ensemble.

10,322 barques servent aux transports sur ces mêmes voies navigables; leur contenance totale est de 1,850,958 ardebs ou 338,700 tonneaux : de ces barques, 676 appartiennent à la Daïra, 175 au Gouvernement, et 9,471 à des particuliers.

Dans le nombre des barques ci-dessus, ne sont pas comprises les embarcations et *dahabyehs* servant aux transport des voyageurs.

Ne sont pas non plus comprises les barques pour marchandises ou pour voyageurs, qui se trouvent sur le Nil, en amont d'Assouan, entre chacune des Cataractes. (Notice officielle de 1867).

# N° 28. — Transit international par la voie du Canal de Suez.

### (1869-1870).

Avant l'ouverture du Canal maritime de Suez à la grande navigation, le service des transports de la Compagnie avait opéré le transit :

En 1867, de 31,281 tonnes de marchandises, dont 12,000 tonnes de charbon expédiée de Port-Saïd à Suez ;

En 1868, de 92,742 tonnes de marchandises, dont 26,000 tonnes de charbon ; et de 38,227 voyageurs.

En 1869 (du 1er Janvier au 16 Novembre), le transit des voyageurs a été de 25,437 ;

Et du 17 Novembre 1869 au 1er Juin 1870, de 11,519.

## N° 29. — Dépêches Télégraphiques.

Le nombre des Dépêches Télégraphiques transmises dans l'intérieur de l'Egypte, par les Télégraphes Egyptiens, pour le service du Gouvernement et du Public, en langues arabe et européenne, s'est élevé, en 1869, à six millions et demi environ.

D'après une évaluation générale, calculée à défaut de renseignements officiels, le nombre des Dépêches Télégraphiques reçues d'Europe à destination de l'Egypte, par la voie du Télégraphe anglais de Malte, parait avoir été, pendant la même année, de 15,000 ; et le nombre des Télégrammes envoyés d'Egypte en Europe par la même voie, de 8,000 environ.

Les Télégrammes échangés entre l'Angleterre et les Indes par la voie du Golfe Persique, pendant chacune des précédentes années, étaient en moyenne de 30,000.

On peut en conclure que le nombre des Télégrammes qui s'échangeront entre l'Angleterre et les Indes par la nouvelle voie de Suez et Bombay, plus sûre et moins coûteuse, s'élevera, en 1870, au moins au double du chiffre ci-dessus, soit 60,000.

## Nº 30. — Poste française d'Alexandrie

(Année 1869).

1º Nombre approximatif des lettres reçues d'Europe. 276.000

2º Nombre approximatif des lettres reçues de Port-Saïd et du Levant .. ....... ....... ...... 26.400

3º Nombre approximatif des paquets d'imprimés reçus d'Europe........................... 480.000

4º Nombre approximatif des lettres expédiées d'Alexandrie pour la France et les pays empruntant son territoire........................ 216.000

5º Nombre approximatif des lettres expédiées pour Port-Saïd et le Levant........ .......... 32.400

6º Nombre approximatif des paquets d'imprimés expédiés pour l'Europe.................... 36.000

7º Nombre exact des colis de malles-poste reçus d'Europe et dirigés sur la Réunion, et l'Indo-Chine................. ............... 2.071

8º Nombre des colis malles-poste reçus de la Réunion et de l'Indo-Chine, dirigés sur l'Europe.. 1.048

N. B. -- L'agence des postes françaises à Alexandrie ne reçoit ni n'expédie d'argent pour le public.

## N° 31.— Poste italienne d'Alexandrie
### (Année 1869).

1° Nombre des correspondances (journaux compris) reçues à Alexandrie de l'Italie et des pays au delà...... ................ .. 110.000

2° Nombre des colis malles-poste reçus ........ 160

3° Nombre des colis malles-poste expédiés d'Alexandrie pour l'Italie et les pays au delà, viàs Brindisi et Messine ............... ........ 210

4° Nombre des colis malles-poste expédiés d'Alexandrie pour le Levant par la poste italienne (paquebots français et autrichiens)......... 70

5° Nombre des colis malles-poste reçus d'Italie pour les Indes........ .................,.. 60

6° Nombre des colis malles-poste reçus des Indes pour l'Italie ............................. 60

7° Nombre des mandats-poste délivrés : 8,600 d'une valeur totale de.................Fr. 3.150.000

8° Nombre des mandats-poste payés : 600, d'une valeur totale de.... . ............Fr. 130.000

N. B. -- Le service supplémentaire de la malle des Indes établi entre Londres et les Indes viâ Brindisi, ne fonctionne que depuis quelques mois : d'après les premiers résultats, on peut s'attendre pour l'année 1869, à un total de 80 colis malles-poste reçus des Indes et réexpédiés sur Londres viâ Brindisi, et 250 colis malles-poste reçus de Londres viâ Brindisi et réexpédiés sur les Indes.

## N° 32. — Poste Anglaise d'Alexandrie
### ( 1869-1870 ).

A défaut d'une statistique régulière des postes anglaises, nous pouvons, pour donner une idée de l'importance des échanges postaux entre l'Angleterre et les Indes, indiquer les chiffres des courriers les plus considérables du dernier trimestre 1869 et du premier trimestre 1870.

### *d'Angleterre aux Indes :*

| 15 Octobre | 1869, | 887 | colis voie Southampton, | 409 | colis voie Marseille. |
|---|---|---|---|---|---|
| 12 Novembre | » | 949 | » | 380 | » |
| 12 Décembre | » | 956 | » | 390 | » |
| 7 Janvier | 1870, | 934 | » | 405 | » |
| 4 Février | » | 993 | » | 369 | » |
| 4 Mars | » | 968 | » | 391 | » |

### *des Indes en Angleterre :*

| 22 Octobre | 1869, | 442 | colis voie Southampton | 116 | colis voie Marseille. |
|---|---|---|---|---|---|
| 19 Novembre | » | 385 | » | 117 | » |
| 17 Décembre | » | 388 | » | 131 | » |
| 14 Janvier | 1870 | 349 | » | 110 | » |
| 25 Février | » | 367 | » | 129 | » |
| 12 Mars | » | 378 | » | 135 | » |

## N° 33. — Postes Égyptiennes.

Pendant l'année 1865, les Postes Égyptiennes ont transporté 407,868,381 francs en groups.

## N° 34. — DOUANE D'ALEXANDRIE ( de 1865 à 1869 ).

### IMPORTATION.

| ANNÉES. | Angleterre. | Autriche. | France. | Italie. | Grèce. | Belgique. | Espagne. | Russie. | Turquie. | Syrie. | Barbarie. | Amérique. | Hollande | Hanséatique. | Suède. | TOTAL en Piastres Tarif. |
|---|---|---|---|---|---|---|---|---|---|---|---|---|---|---|---|---|
| 1865 | 209.589.439 | 46.072.044 | 65.419.139 | 26 895.801 | 17.135.509 | 8 060 365 | 232.270 | 1.015.150 | 90.075.660 | 30.497.071 | 20.074.614 | — | — | 1 615.958 | — | 516.323.011 |
| 1866 | 198.697.773 | 43 499.288 | 67.083 881 | 31 370 558 | 13.116.219 | 4.529.080 | — | 1.691.860 | 78.274 759 | 34.112.460 | 23 845.832 | — | — | 809 997 | — | 497.031.779 |
| 1867 | 231.414.667 | 43 194 445 | 65.997 095 | 37.073.489 | 12.342.852 | 4.404 194 | — | 1.909.038 | 77.936.852 | 37.727.974 | 27 612.806 | — | — | 807.600 | — | 539.620.512 |
| 1868 | 225.792.518 | 40.866 847 | 68.043.892 | 41.243.273 | 10.462.226 | 3 186 550 | -- | 1.351.285 | 74.091.514 | 34.160.828 | 27.173 934 | 1 298 365 | — | — | — | 531.621.242 |
| 1869 | 224.726.099 | 39.648.862 | 63.680.783 | 35.705.452 | 11.212.808 | 1.947.639 | — | 1.271.152 | 67.008.061 | 33.230 711 | 27.192.548 | 644.000 | — | — | 1.019.980 | 517.287.843 |

### EXPORTATION.

| ANNÉES. | Angleterre. | Autriche. | France. | Italie. | Grèce. | Belgique. | Espagne. | Russie. | Turquie. | Syrie. | Barbarie. | Amérique. | Hollande | Hanséatique. | Suède. | TOTAL en Piastres Tarif. |
|---|---|---|---|---|---|---|---|---|---|---|---|---|---|---|---|---|
| 1865 | 1.043 188.-68 | 31 828 242 | 170 634 824 | 9.914 200 | 4.186.385 | 4.023.120 | 1.472.800 | 108 880 | 15.013.495 | 7.409.164 | 1.922.475 | — | — | — | — | 1.312 367.453 |
| 1866 | 656.962.395 | 49.659.599 | 106.929.801 | 4.745.973 | 1.329 701 | 844.210 | 1.127.850 | — | 14.949.462 | 7 393.291 | 2 210.035 | 110 550 | — | — | .. | 846.294.688 |
| 1867 | 526.890 825 | 34 211.150 | 87.824 169 | 7.391.878 | 1.566.241 | 899 280 | — | — | 14.719.877 | 8 738.377 | 2.613 123 | 429 080 | 211.410 | — | — | 705.524.410 |
| 1868 | 707.887.528 | 72.789 522 | 111 698 912 | 13.166.384 | 1 685.540 | 1 753 4:1 | 449 886 | 637 500 | 12.046.554 | 6 837.415 | 2.245.539 | — | — | — | — | 930.668 400 |
| 1869 | 612.448.476 | 45 903 836 | 109.000.290 | 36.401.562 | 1.634.748 | 2.260.739 | — | 302.010 | 12.865.482 | 5.919 971 | 2.081.069 | — | — | — | — | 831.832.183 |

**N. B.** — Nous empruntons les chiffres ci-dessus, sans en garantir l'exactitude et à titre de renseignements, aux tableaux dressés chaque année par M. HOYAMI. En ce qui concerne la France, nous avons pu vérifier que ces chiffres pour l'année 1867, prise comme exemple, sont de plus de moitié inférieurs à la vérité. — En effet, les documents officiels du Ministère du Commerce indiquent : 48 millions de francs comme valeur des marchandises importées d'Egypte en France (au lieu de 21,958,500 fr., résultant de ce tableau), et 34 millions de francs comme valeur des marchandises exportées de France en Egypte (au lieu de 18,999,250 francs).

# N° 35 — Valeur totale des Marchandises exportées par la Douane d'Alexandrie,

DEPUIS L'ANNÉE 1855.

| Année | 1855 | P. E. | 459,082,353. |
|-------|------|-------|--------------|
| » | 1856 | » | 459,220,373. |
| » | 1857 | » | 357,554,825. |
| » | 1858 | » | 301,844,582. |
| » | 1859 | » | 263,882,191. |
| » | 1860 | » | 309,093,302. |
| » | 1861 | » | 374,341,039. |
| » | 1862 | » | 780,694,026. |
| » | 1863 | » | 1,203,145,900. |
| » | 1864 | » | 1,644,571,600. |
| » | 1865 | » | 1,686,135,000. |
| » | 1866 | » | 1,307,045,000. |
| » | 1867 | » | 999,019,000. |
| » | 1868 | » | 1,005,879,000. |
| » | 1869 | » | 858,357,800. |

*(Publications Carpi-Vivante et Cie).*

# N° 36. — MARCHANDISES EXPORTÉES D'ALEXANDRIE EN 1869,

### CLASSÉES PAR NATURE,

## D'APRÈS DES TABLEAUX PARTICULIERS.

| Marchandises. | Quantité. | | VALEUR en Piastres Tarif. |
|---|---|---|---|
| Blé.................. | Ardebs. | 368.897 | 32.589.531 |
| Blé de Turquie........... | id. | 240 | 18 000 |
| Boutargue............... | Oques. | 10.154 | 203 080 |
| Coton Mako............. | Quintaux. | 1.202.180 | 581.438.725 |
| Cire jaune.............. | Oques. | 65.901 | 1.318.020 |
| Café Moka.............. | Quintaux. | 22.488 | 7.286.112 |
| Chiffons................ | id. | 95.604 | 1.912.080 |
| Cendre de soude .......... | id. | 2.160 | 86.400 |
| Cocole du levant......... | id. | 304 | 36 480 |
| Couffes vides ......... | Colis. | 11.705 | 1.080.355 |
| Cornes de Buffle.......... | id. | 449 | 297.100 |
| Cuivre vieux .......... | Oques. | 32.716 | 163.580 |
| Dattes ............... | Quintaux. | 29.944 | 2.694.960 |
| Drogues diverses.......... | Colis. | 4.182 | 2.405.010 |
| Dents d'Eléphants.......... | Quintaux. | 1.131 | 2.375.100 |
| Ecailles................ | Rotolis. | 1.218 | 73.080 |
| Encens ................ | Quintaux. | 6.281 | 1.256.200 |
| Farine................. | Colis. | 5.755 | 1.035.900 |
| Fèves ................ | Ardebs. | 343.593 | 29.150.450 |
| Fer assorti. ............ | Quintaux | 11.186 | 503.370 |
| Gommes diverses ......... | id. | 114.346 | 28.586.500 |
| Henné................. | id. | 7.977 | 319.080 |
| Laine................. | id. | 35.448 | 7 089.600 |
| Lin ................. | id. | 24.024 | 4.420.560 |
| Lentilles................ | Ardebs. | 2.947 | 229.290 |
| Manufactures. ... ...... | Colis. | 764 | 3.025.920 |
| Marchandises diverses ..... | id. | 18.553 | 7.151.110 |
| | | *A reporter* | 716.685.593 |

| Marchandises. | Quantité. | VALEUR en Piastres Tarif. |
|---|---|---|
| | *Report...* | 716.685.593 |
| Musc et huile de Rose..... | Onces. | 38.130 | 457.560 |
| Nacres ............. .... | Quintaux. | 18.185 | 3.273.300 |
| Natrons divers .... ...... | id. | 11.122 | 800 784 |
| Nattes..... ............ | Colis. | 1.334 | 1.077 865 |
| Orge ................ ... | Ardebs. | 30.564 | 1.604.134 |
| Os .. ........ ...... | Quintaux. | 30 296 | 302.960 |
| Opium............ | Oques. | 6 052 | 605.200 |
| Poivre........... .... | Quintaux. | 722 | 129.960 |
| Peaux salées ............. | Nombre. | 90.325 | 2.700.905 |
| Plumes d'Autruche....... .. | Rotolis. | 17.306 | 3.447.400 |
| Pois................. | Ardebs. | 214 | 13 910 |
| Pois chiches............. | Ardebs. | 80 | 5.600 |
| Riz ............ | Ardebs. | 8.073 | 2 300 805 |
| Séné ................ | Quintaux. | 7.393 | 534.475 |
| Semences diverses......... | Ardebs. | 692 | 103.800 |
| Semences de coton ........ | id. | 786.867 | 55.762.260 |
| Sésame.............. | id. | 7.391 | 1.478 200 |
| Semences de lin.. ...... .... | id. | 3 625 | 507.500 |
| Soufre . ............. .... | Quintaux. | 5.985 | 215.560 |
| Sel nitre............ | id. | 9.354 | 654.780 |
| Soieries.... ........... | Colis. | 39 | 268.455 |
| Safranon..... ... | Quintaux. | 986 | 88.740 |
| Sucre ............ | id. | 293.279 | 36.728.052 |
| Tourteaux .... ...... .... | Quintaux. | 57.438 | 574.380 |
| Tamarins............. | id. | 1.087 | 217 400 |
| Tombak ............. | Oques. | 185.838 | 313.605 |
| Toile de lin........... .. | Pièces. | 20.950 | 419.000 |
| | Total.. | 831.311.993 |

# N° 37. — MARCHANDISES IMPORTÉES A ALEXANDRIE EN 1869,

## CLASSÉES PAR NATURE,

## D'APRÈS DES TABLEAUX PARTICULIERS.

| Marchandises. | Quantité. | | VALEUR en Piastres Tarif. |
|---|---|---|---|
| Argent vif............... | Oques. | 3673 | 110.190 |
| Ambre.................. | Colis. | 27 | 382.380 |
| Acier. ................ | Quintaux. | 2031 | 280.800 |
| Armes............. .... | Colis. | 143 | 750.759 |
| Alquifoux..... . ......... | id. | 1748 | 787.692 |
| Bonnets............ ..... | Douzaines. | 29189 | 8 973.340 |
| Bois de construction....... | id. | » | 27.139.759 |
| Bois à bruler  .... ..... | Quintaux. | 276.454 | 6.178.824 |
| Blés......... .. ...... | Ardebs. | 12.300 | 1.057.800 |
| Céruse............... | Colis. | 2.917 | 276.660 |
| Cordages................ | Quintaux. | 35.045 | 3.572.138 |
| Charbons divers... ........ | id. | 3.899.817 | 25.903.443 |
| Conterie..... .......... | Colis. | 602 | 734.490 |
| Clous assortis... ......... | id. | 6302 | 832.470 |
| Café d'Europe........... ... | Oques. | 31.582 | 157.910 |
| Chandelles diverses........ | Colis. | 6 710 | 5.167.850 |
| Cristaux et Verrerie........ | id. | 11 737 | 2.717.708 |
| Cochenille................ | Oques. | 14.179 | 637.455 |
| Corail..... .......... | id. | 1.224 | 1.040.400 |
| Cuir..... ........ .... | id. | 1.029.453 | 9.743.373 |
| Drogues diverses....... ... | Colis. | 14.449 | 8.593.153 |
| Draps.................. | id. | 423 | 4.564.550 |
| Eau de Rose.............. | Oques. | 53.712 | 281.704 |
| Etain...... ......... .... | Quintaux. | 1.320 | 475 200 |
| Epices.. . .............. | id. | 1.278 | 103.518 |
| Fer blanc............ .... | Colis. | 8 840 | 618.800 |
| Fer assorti............ ... | Quintaux. | 182.374 | 8.206.830 |
| | | *A reporter* | 119.309.206 |

| Marchandises. | Quantité. | VALEUR en Piastres Tarif. |
|---|---|---|
| | *Report* ... | 119.309.206 |
| Fil d'or .................... | Mitkals. 146.352 | 585.408 |
| Fruits secs ................ | Colis. 158.946 | 12.499.808 |
| Fayences diverses ........... | id. 2.320 | 5.732.641 |
| Farines ................ | id. 12.508 | 2.251.440 |
| Girofle .................... | Oques. 2.210 | 8.840 |
| Goudron et Poix ........... | Colis. 9.230 | 470.650 |
| Huiles diverses ........... | Oques. 4.223.434 | 25.169.345 |
| Indigo .................. | id. 20.686 | 1.034.300 |
| Laines .................... | Quintaux. 953 | 190.600 |
| Laiton et fil de fer ........ | Colis. 776 | 972.658 |
| Marbres et Pierres ........ | id. » | 11.787.806 |
| Meubles ................ | id. 7.462 | 4.849.727 |
| Mahleb et Mastique ........ | id. 767 | 954.990 |
| Manufactures ............. | id. 27.423 | 175.936.025 |
| Machines en fer ........... | id. 4.414 | 10.940.033 |
| Marchandises diverses ...... | id. 39.447 | 31.489.186 |
| Papiers .................. | id. 8.599 | 5.525.280 |
| Poivre .................... | Quintaux. 7.163 | 1.289.340 |
| Pétrole .................... | Oques. 941.500 | 2.353.750 |
| Plomb et Grenailles ........ | Quintaux. 15.898 | 1.430.820 |
| Pommes de terre ........... | id. 53.646 | 1.448.442 |
| Provisions salées et Légumes. | Colis. 45.422 | 14.089.663 |
| Quincailleries ............. | id. 4.699 | 7.503.693 |
| Soieries .................. | id. 696 | 8.834.595 |
| Soie-Grège ................ | Oques. 88.730 | 13.309.500 |
| Savon .................... | Quintaux. 22.141 | 3.188.304 |
| Souliers et Cuirs .......... | Colis. 2.514 | 9.536.085 |
| Sucres .................... | Quintaux. 26.873 | 3.869.712 |
| Souffre .................... | id. 1.074 | 38.664 |
| Salsepareille ............. | id. 235 | 169.200 |
| Safran .................... | Rotolis. 635 | 95.250 |
| Tabac et Cigares ........... | Colis. 24.262 | 10.740.721 |
| Tapis de laine ........... | id. 999 | 7.305.910 |
| Vins et Liqueurs ........... | id. 101.194 | 22.395.963 |
| | Total ... | 517.287.545 |

# N° 38. — EXPORTATIONS D'ALEXANDRIE

DU 14 MARS 1869 AU 31 DÉCEMBRE 1869,

d'après des Documents authentiques.

| MARCHANDISES. | QUANTITÉS. | | |
|---|---|---|---|
| Articles divers | Colis. | 8.741 | » |
| Blés Saïdi | Ardebs. | 165.369 | 8/12 |
| Blés Béhéra | id. | 139.565 | 2/12 |
| Bijoux | Colis. | 4 | » |
| Barils, Dame-Jeannes, Jarres et Seaux | Pièces. | 295 | » |
| Café | Colis. | 10.050 | » |
| Chanvre | Quintaux. | 19 | 15 |
| Cotons | id. | 976.164 | 2 |
| Cotons Afrité | id. | 1.234 | 3 |
| Chiffons | id. | 90.777 | 8 |
| Céréales et Comestibles divers | Ardebs. | 26 | » |
| Cuivre vieux | Quintaux. | 1.783 | 76 |
| Cornes | id. | 209 | 53 |
| Cendres de Soude | Oques. | 356.546 | » |
| Clous de Girofle | Colis. | 302 | » |
| Cire | id. | 345 | » |
| Couffes | id. | 4.327 | » |
| Dattes | id. | 11.198 | » |
| Dents d'Eléphant | id. | 671 | » |
| Ecailles de tortue | id. | 30 | » |
| Encens | id. | 1.450 | » |
| Essences | id. | 137 | » |
| Etoupe | Quintaux. | 271 | 52 |
| Farine | Oques. | 1.011.127 | » |
| Fèves Saïdi | Ardebs. | 166.302 | 8/12 |
| Fèves Béhéra | id. | 78.060 | 6/12 |
| Fenou Grec | id. | 280 | » |
| Fer et Fonte vieux | Quintaux. | 10.621 | 5 |
| Fruits | Colis. | 668 | » |
| Graines de Coton | Ardebs. | 439.082 | 7/12 |
| Graines de Lin | id. | 3.365 | » |
| Gommes | Colis. | 24.336 | » |
| Gâteaux de Dattes | id. | 536 | » |
| Hab-el-Aziz | Ardebs. | 34 | » |
| Henné | Quintaux. | 20.319 | 95 |
| Indigo | Colis. | 347 | » |

| MARCHANDISES. | QUANTITÉS. | | |
|---|---|---:|---:|
| Insectes. | id. | 7 | » |
| Laine. | Quintaux. | 20.677 | 20 |
| Lin. | id. | 18.519 | 6 |
| Lentilles. | Ardebs. | 1.090 | 7/12 |
| Légumes. | Colis. | 2.204 | » |
| Manufactures du pays. | id. | 979 | » |
| Miel. | Quintaux. | 861 | 3 |
| Nacre. | Colis. | 4.087 | » |
| Nattes. | id. | 1.748 | » |
| Natron. | Quintaux. | 31.247 | 45 |
| Onglons. | Quintaux. | 241 | 86 |
| Oiseaux. | Colis. | 37 | » |
| Orge. | Ardebs. | 30 434 | » |
| Os. | Quintaux. | 36.756 | 32 |
| Pois-Chiches. | Ardebs. | 53 | » |
| Petits Pois. | id. | 10 | » |
| Pellicule de Peaux. | Quintaux. | 506 | 99 |
| Pastèques. | Pièces. | 3.805 | » |
| Peaux. | Colis. | 16.148 | » |
| Plumes d'Autruche. | id. | 288 | » |
| Pois-Chiche grillés.. | id. | 851 | » |
| Quadrupèdes. | id. | 44 | » |
| Quadrumanes. | id. | 13 | » |
| Riz. | Ardebs. | 9.701 | » |
| Soie. | Quintaux. | 87 | 99 |
| Sucre. | id. | 194.541 | 29 |
| Son. | Oques. | 609.153 | » |
| Sésame. | Ardebs. | 153 | » |
| Semences de vers à soie. | Quintaux. | 2 | » |
| Souffre. | id. | 28.693 | 18 |
| Salpètre. | id. | 8.584 | 63 |
| Sacs. | id. | 1.290 | 84 |
| Séné. | Colis. | 2.223 | » |
| Tourteaux de Coton. | Quintaux. | 36.509 | 99 |
| Tourteaux de Lin. | id. | 17.196 | 92 |
| Terre d'Orfèvres. | id. | 277 | 70 |
| Tournesol (graine). | id. | 781 | 86 |
| Tombac. | Colis. | 905 | » |
| Zinc vieux. | Quintaux. | 232 | 30 |

# N° 39. — EXPORTATIONS DE COTON MAKO
## DE 1821 A 1870,

*Calculées en quintaux de 14 Livres nets.*

| ANNÉES | QUINTAUX. | VALEUR. |
|---|---|---|
| 1821 | 944 | 16 Dollars par Quintal |
| 1822 | 35.108 | 15 1/3 » |
| 1823 | 159 426 | 15 1/3 » |
| 1824 | 228.078 | 17 » |
| 1825 | 212.318 | 13 » |
| 1826 | 216.181 | 13 » |
| 1827 | 159.642 | 13 » |
| 1828 | 59 255 | 13 » |
| 1829 | 104.920 | 12 » |
| 1830 | 213.585 | 12 » |
| 1831 | 186.675 | 10 1/2 » |
| 1832 | 136.127 | 15 » |
| 1833 | 56.067 | 28 » |
| 1834 | 143.892 | 30 3/4 » |
| 1835 | 213.604 | 1.068.020 Liv. Ster. au total. |
| 1836 | 243.230 | 894.383 » |
| 1837 | 315.470 | 757.489 » |
| 1838 | 238.833 | 716.670 » |
| 1839 | 134.097 | 468.105 » |
| 1840 | 159.301 | 414.722 » |
| 1841 | 193.507 | 540.006 » |
| 1842 | 211.030 | 390.882 » |
| 1843 | 261.064 | 391.596 » |
| 1844 | 153.363 | 561.920 » |
| 1845 | 344.955 | 404.080 » |
| 1846 | 202.040 | 404.080 » |
| 1847 | 257.492 | 187 752 » |

| ANNÉES | QUINTAUX. | VALEUR. |
|---|---|---|
| 1848 | 119.965 | 167.961 Liv. Ster. au total. |
| 1849 | 257.510 | 515.020 » |
| 1850 | 364.816 | 839.176 » |
| 1851 | 384 439 | 688.980 » |
| 1852 | 670 129 | 1.341.128 » |
| 1853 | 477.397 | 954.794 » |
| 1854 | 477.905 | 764.740 » |
| 1855 | 520.886 | 937.594 » |
| 1856 | 539.885 | 1.295.724 » |
| 1857 | 490.960 | 1.227.420 » |
| 1858 | 519.537 | 1.091.027 » |
| 1859 | 502.645 | 1.113.419 » |
| 1860 | 501.415 | 110.788.750 Piast. Tarif au total. |
| 1861 | 596.200 | 143.088.000 » |
| 1862 | 820.110 | 492.066.000 » |
| 1863 | 1.287.000 | 935.649.000 » |
| 1864 | 1.740.000 | 1.484.270.000 » |
| 1865 | 2.507.000 | 1.544.312.000 » |
| 1866 | 1.785 000 | 1.142.400.000 » |
| 1867 | 1.428 400 | 664.206.000 » |
| 1868 | 1.425.000 | 583.125.000 » |
| 1869 | 1.387.000 | 600.570.000 » |

**N. B.** — Jusqu'à l'année 1859, ces chiffres sont tirés du *Rapport sur la culture du Coton en Egypte* de M. Fowler, publié en 1860 par la *Cotton supply association* de Manchester : de 1859 à 1869, ils sont tirés des publications de MM. Carpi, Vivante & C<sup>ie</sup>, d'ailleurs parfaitement d'accord avec les données de M. Fowler pour les années 1855 à 1859.

## N° 40. — Résumé des importations et exportations du port de Suez en 1869.

*Importations :*

| | | |
|---|---:|---|
| 1° des Indes (Bombay, Calcutta), de la Chine, Cochinchine, Japon, Philippines, Australie............... | 187,717 | Colis. |
| 2° des Indes (Pondichéry), de la Chine, Cochinchine, Japon, Philippines et Maurice..................... | 21,459 | » |
| 3° des Indes (Bombay)........... | 128,121 | » |
| Total en 1869..... | 337,297 | Colis. |
| » 1868..... | 256,320 | » |
| » 1867..... | 232,177 | » |

Des 337,297 colis importés en 1869, — 325,115 étaient destinés au transit, et 12,182 à destination de l'Egypte.

Dans ces chiffres, on calcule : 222,292 colis pesant ensemble 35,344,428 kilogrammes, et contenant du Coton grège de Bombay; 10,000 balles de graine de lin, et de laine, également de Bombay; 4,000 balles de café de Ceylan et d'Aden; 14,000 balles de rhubarbe, thé et indigo de Calcutta; et 80,000 balles de soie et cartons de graines de vers à soie, de la Chine et du Japon, et d'ivoire et châles de Cachemir.

L'importation de l'or de l'Australie à Suez s'est élevée à une valeur de 104,756,291 francs en 1869; elle n'avait été que de 35,956,080 francs en 1868, et de 17,753,908 francs en 1867.

*Exportations :*

1° Pour les Indes (Bombay, Calcutta).
la Chine, Cochinchine, Japon, Phi-
lippines, Australie . . . . . . . . . . . .     180,446 Colis.
2° Pour les Indes (Pondichéry), la
Chine, Cochinchine, Japon, Philip-
pines et Maurice . . . . . . . . . . . . .      17,708     »
3° Pour les Indes (Bombay . . . . . . . .       39,856     »

        Total en 1869 . . . . .     238,210 Colis.
           »    1868 . . . . .     235,734     »
           »    1867 . . . . .      46,376     »

Des 238,210 colis exportés en 1869, — 220,969 provenaient du Transit, et 17,241 de l'Egypte même.

Dans ces chiffres, on calcule 170,000 colis manufacturés et cotonnades de Manchester, 20,000 colis farine de Trieste et vins de France; le reste consiste principalement en provisions de bouche, articles de Paris, objets de luxe, etc.

L'exportation de numéraire et métaux précieux, de Suez pour les Indes et la Chine, s'est élevée à une valeur totale de 222,140,400 francs en 1869, dont moitié environ pour la seule ville de Bombay : elle avait été de 157,000,000 francs en 1868 et de 92,000,000 francs en 1867: — 7,500,000 francs environ, provenaient de l'Egypte même; le reste, de l'Europe par transit.

*(Les chiffres du résumé ci-dessus sont tirés d'un travail du Consul d'Italie à Suez).*

# N° 41. — Importation de bestiaux en 1869.

|  | Espèce Bovine. | Espèce Ovine. |
|---|---|---|
| ALEXANDRIE. . . . . . . . . . . . . . . | 12,405 | 149,830 |
| DAMIETTE. . . . . . . . . . . . . . . . | 7 | 1,125 |
| PORT-SAÏD. . . . . . . . . . . . . . . | 3,336 | 11,482 |
| EL-ARICH. . . . . . . . . . . . . . . | 42 | 33,192 |
| TOTAUX. . . . . . . . . . | 15,790 | 195,629 |

NOTA. — Il est à remarquer, au point de vue de l'alimentation du pays, qu'une loi interdit d'abattre les animaux de l'espèce bovine d'Égypte, encore aptes à la génération ou utiles aux travaux de l'agriculture. La consommation locale porte donc en presque totalité sur les bœufs importés de l'étranger.

# N° 42. — Animaux abattus à l'abattoir public

## D'ALEXANDRIE

Pendant l'année 1869.

| MOIS. | BOEUFS. | BUFFLES | MOUTONS. | Chameaux. | PORCS. | TOTAL général. |
|---|---|---|---|---|---|---|
| Janvier.... | 780 | 159 | 10.011 | 13 | 120 | 11.083 |
| Février.... | 679 | 173 | 10 271 | 10 | 88 | 11.221 |
| Mars...... | 590 | 59 | 12.023 | 2 | 37 | 12.711 |
| Avril..... | 750 | 54 | 16.101 | 1 | 17 | 16 923 |
| Mai...... | 685 | 103 | 16.222 | 2 | 1 | 17.013 |
| Juin ...... | 871 | 228 | 12.542 | 4 | » | 13.645 |
| Juillet..... | 1101 | 158 | 11.903 | 4 | » | 13.166 |
| Août...... | 1302 | 146 | 14.409 | 23 | 1 | 15.881 |
| Septembre. | 1043 | 240 | 10.339 | 25 | 9 | 11 656 |
| Octobre ... | 1165 | 211 | 10.402 | 26 | 81 | 11.885 |
| Novembre. | 1150 | 157 | 9.705 | 22 | 150 | 11.184 |
| Décembre.. | 858 | 116 | 9.617 | 11 | 146 | 10.748 |
| | 10.974 | 1.804 | 143.545 | 143 | 650 | 157.116 |

N. B. — Dans les chiffres ci-dessus figurent 651 bœufs du pays et 1405 buffles du pays.

## N° 43. — Nilomètre du Caire.

| DATES. | 1869 | | 1868 | | DATES. | 1869 | | 1868 | |
|---|---|---|---|---|---|---|---|---|---|
| | PICS. | KÉRATS. | PICS. | KÉRATS. | | PICS. | KÉRATS. | PICS. | KÉRATS. |
| Juillet .. ... 3 | 9 | 22 | 7 | 18 | Aout....... 10 | 15 | 22 | 14 | 02 |
| » 4 | 10 | 02 | 7 | 19 | » 11 | 16 | 10 | 14 | 05 |
| » 5 | 10 | 05 | 7 | 19 | » 12 | 16 | 23 | 14 | 09 |
| » 6 | 10 | 08 | 7 | 19 | » 13 | 17 | 10 | 14 | 07 |
| » 7 | 10 | 10 | 7 | 22 | » 14 | 17 | 18 | 14 | 07 |
| » 8 | 10 | 13 | 8 | 01 | » 15 | 18 | 00 | 14 | 07 |
| » 9 | 10 | 18 | 8 | 04 | » 16 | 18 | 11 | 14 | 07 |
| » 10 | 10 | 21 | 8 | 06 | » 17 | 18 | 19 | 14 | 08 |
| » 11 | 10 | 23 | 8 | 09 | » 18 | 19 | 04 | 15 | 20 |
| » 12 | 10 | 23 | 8 | 12 | » 19 | 19 | 10 | 17 | 10 |
| » 13 | 10 | 23 | 8 | 22 | » 20 | 19 | 16 | 18 | 18 |
| » 14 | 10 | 22 | 9 | 01 | » 21 | 20 | 05 | 19 | 02 |
| » 15 | 10 | 22 | 9 | 04 | » 22 | 20 | 04 | 19 | 02 |
| » 16 | 10 | 22 | 9 | 08 | » 23 | 20 | 04 | 19 | 02 |
| » 17 | 10 | 22 | 9 | 08 | » 24 | 20 | 01 | 19 | 01 |
| » 18 | 10 | 23 | 9 | 11 | » 25 | 20 | 08 | 19 | 04 |
| » 19 | 10 | 23 | 9 | 13 | » 26 | 20 | 09 | 19 | 11 |
| » 20 | 11 | 01 | 9 | 14 | » 27 | 20 | 23 | 19 | 13 |
| » 21 | 11 | 04 | 9 | 16 | » 28 | 21 | 06 | 19 | 12 |
| » 22 | 11 | 07 | 9 | 17 | » 29 | 21 | 11 | 19 | 07 |
| » 23 | 11 | 11 | 9 | 19 | » 30 | 21 | 14 | 19 | 00 |
| » 24 | 11 | 14 | 9 | 21 | » 31 | 21 | 16 | 18 | 18 |
| » 25 | 11 | 17 | 10 | 01 | Septembre.. 1 | 21 | 18 | 18 | 18 |
| » 26 | 11 | 19 | 10 | 05 | » 2 | 21 | 20 | 18 | 18 |
| » 27 | 11 | 21 | 10 | 09 | » 3 | 22 | 00 | 18 | 20 |
| » 28 | 11 | 22 | 10 | 14 | » 4 | 22 | 05 | 18 | 20 |
| » 29 | 11 | 23 | 10 | 17 | » 5 | 22 | 06 | 18 | 18 |
| » 30 | 12 | 05 | 10 | 21 | » 6 | 22 | 07 | 18 | 15 |
| » 31 | 12 | 20 | 11 | 02 | » 7 | 22 | 10 | 18 | 13 |
| Août......... 1 | 13 | 09 | 11 | 06 | » 8 | 22 | 11 | 18 | 08 |
| » 2 | 13 | 09 | 11 | 11 | » 9 | 22 | 11 | 18 | 04 |
| » 3 | 13 | 16 | 11 | 12 | » 10 | 22 | 13 | 18 | 02 |
| » 4 | 14 | 01 | 11 | 17 | » 11 | 22 | 15 | 17 | 22 |
| » 5 | 14 | 14 | 12 | 01 | » 12 | 22 | 18 | 17 | 22 |
| » 6 | 14 | 23 | 12 | 12 | » 13 | 22 | 20 | 17 | 17 |
| » 7 | 15 | 06 | 13 | 01 | » 14 | 22 | 21 | 17 | 17 |
| » 8 | 15 | 11 | 13 | 12 | » 15 | 22 | 23 | 17 | 18 |
| » 9 | 15 | 15 | 13 | 20 | » 16 | 23 | 02 | 17 | 18 |

# Nilomètre du Caire.

| DATES. | 1869 | | 1868 | | DATES. | 1869 | | 1868 | |
|---|---|---|---|---|---|---|---|---|---|
| | PICS. | KÉRATS. | PICS. | KÉRATS. | | PICS. | KÉRATS. | PICS. | KÉRATS. |
| Septembre .... 17 | 23 | 04 | 17 | 16 | Octobre .... 10 | 25 | 08 | 16 | 13 |
| »  18 | 23 | 06 | 17 | 19 | »  11 | 25 | 15 | 16 | 09 |
| »  19 | 23 | 07 | 17 | 21 | »  12 | 25 | 14 | 16 | 05 |
| »  20 | 23 | 09 | 18 | 01 | »  13 | 25 | 11 | 16 | 00 |
| »  21 | 23 | 11 | 18 | 07 | »  14 | 25 | 09 | 15 | 23 |
| »  22 | 23 | 12 | 18 | 13 | »  15 | 25 | 02 | 15 | 20 |
| »  23 | 23 | 12 | 18 | 20 | »  16 | 24 | 20 | 15 | 18 |
| »  2 | 23 | 13 | 18 | 21 | »  17 | 24 | 16 | 15 | 16 |
| »  25 | 23 | 15 | 18 | 21 | »  18 | 24 | 13 | 15 | 14 |
| »  26 | 23 | 17 | 18 | 21 | »  19 | 24 | 10 | 15 | 12 |
| »  27 | 23 | 18 | 18 | 21 | »  20 | 24 | 08 | 15 | 08 |
| »  28 | 23 | 18 | 18 | 19 | »  21 | 24 | 05 | 15 | 04 |
| »  29 | 23 | 17 | 18 | 19 | »  22 | 24 | 01 | 15 | 02 |
| »  30 | 23 | 19 | 18 | 17 | »  23 | 24 | 00 | 14 | 22 |
| Octobre...... 1 | 23 | 20 | 18 | 12 | »  24 | 23 | 23 | 14 | 20 |
| »  2 | 23 | 22 | 18 | 06 | »  25 | 23 | 20 | 14 | 16 |
| »  3 | 23 | 23 | 18 | 00 | »  26 | 23 | 19 | 14 | 13 |
| »  4 | 24 | 01 | 17 | 16 | »  27 | 23 | 18 | 14 | 11 |
| »  5 | 24 | 04 | 17 | 10 | »  28 | 23 | 15 | 14 | 10 |
| »  6 | 24 | 08 | 17 | 06 | »  29 | 23 | 12 | 14 | 07 |
| »  7 | 24 | 09 | 17 | 02 | »  30 | 23 | 11 | 14 | 03 |
| »  8 | 24 | 11 | 16 | 20 | »  31 | 23 | 09 | 14 | 01 |
| »  9 | 24 | 15 | 16 | 16 | | | | | |

NOTA. -- A partir de cette dernière époque, le niveau des eaux s'abaisse progressivement.

## N° 44. — Terrains cultivés.

Un travail d'enquête, effectué sous le règne de S. A Méhémet-Aly en l'année 1843, a établi ainsi qu'il suit la surface des terrains alors cultivés, et celle des terrains incultes mais pouvant un jour être livrés à la culture :

Basse-Egypte 2,249,106 acres cultivés, 1,551,011, acres non cultivés
                             »                         mais cultivables.
Moy.-Egypte  750,409     »        843,608       »
Haute-Egypte  826,825            763,176       »

       3,856,341 acres,      3,156,795 acres,
soit 1,542,536 hectares,   soit 1,262,718 hectares,
ou 3,672,705 feddans.   ou 3,006,471 feddans.

La surface des terrains cultivés en 1869 était d'environ 4,500,000 feddans, dont 500,000 constitués en *abadyehs* (propriétés provenant de donation souveraine), et 1,000,000 appartenant aux Daïras.

D'après les chiffres ci-dessus, il resterait donc encore en Egypte plus de 2,000,000 de feddans pouvant être livrés à la culture soit par le dessèchement de certains lacs (d'une surface de 400,000 hectares environ), soit par le développement de l'irrigation et l'extension possible des inondations du Nil par la canalisation.

## Nᵒ 45. — Production du sucre.

Cette production, pour ainsi dire concentrée sur les domaines de la Daïra du Khédive, à Minié principalement, y couvrent une étendue de 150,000 feddans de terrain, pouvant produire 1,500,000 quintaux de sucre brut par an.

# N° 46.—Commerces et Industries d'Alexandrie

Les corporations comptent à Alexandrie :

1761 Domestiques Barbarins.
1466 Déchargeurs au Port.
1068 Bourriquiers.
 999 Marchands et Marchandes de légumes en boutique.
 821 Charretiers.
 764 Cafetiers.
 692 Maçons et Entrepreneurs de maçonnerie.
 627 Marchands et Fabricants d'huile.
 596 Menuisiers.
 503 Meuniers.
 497 Mesureurs.
 490 Canotiers.
 484 Barbiers.
 473 Tailleurs de pierre.
 424 Porteurs d'eau.
 409 Cochers de fiacres.
 372 Gardiens de Magasins *( Gaffirs. )*
 371 Commissionnaires *( Portals. )*
 369 Tailleurs.
 341 Domestiques de la Haute-Égypte.
 327 Teinturiers.
 327 Boulangers.
 312 Cochers et Palefreniers Barbarins.
 308 Bouchers détaillants.
 292 Conducteurs de tombereaux.
 271 Marchands de tabac à fumer.
 271 Marchands d'objets manufacturés.
 234 Pêcheurs au quartier Sayalé.
 227 Peseurs.
 222 Forgerons et Limeurs.
 222 Ouvriers en Coton.
 213 Musiciens ambulants.
 212 Marchands de fourrages.
 203 Cuisiniers à l'Européenne.

201 Bouchers d'abattoirs.
200 Cultivateurs.
194 Loueurs de baudets de charge.
191 Boulangers.
187 Cordonniers.
182 Marchands de céréales.
181 Marchands de légumes ambulants.
178 Charpentiers.
173 Pêcheurs de la ville.
173 Cuisiniers.
166 Cireurs de bottes ( *boyas.* )
164 Charpentiers.
164 Peintres en bâtiment.
162 Limonadiers.
161 Marchands d'épiceries.
150 Bûcherons.
148 Marchands de blé.
144 Orfèvres ( Copthes et Arabes. )
144 Marchands de chiffons.
140 Étameurs.
139 Marchandes de légumes ambulantes.
138 Vidangeurs.
137 Marchands de nattes.
136 Marchands d'ustensiles de cuivre.
126 Matelassiers.
124 Marchands de gâteaux.
121 Charbonniers.
124 Pâtissiers.
119 Ferblantiers.
114 Sculpteurs en pierre.
113 Marchands de paille.
111 Marchands d'animaux ( Maquignons. )
111 Savetiers.
111 Négociants du marché Souk-el-Dekik.
109 Laitiers.
108 Passementiers.
107 Marchands de sucreries du pays.
104 Marchands de volailles.
101 Portefaix.

100 Pêcheurs d'Aboukir.
94 Jardiniers de Ramleh.
90 Cribleurs de blé.
88 Marchands de bois.
87 » de soie écrue.
87 Bateliers du port.
86 Marchands de sucres et cafés.
84 Loueurs de chameaux pour transports.
82 Baigneurs.
80 Tailleurs de pierre.
76 Marchands de fruits secs.
69 Fabricants de lin.
67 Doreurs en fil et bonnetiers.
66 Marchands de salades.
66 Loueurs de baudets pour le transport des bois.
63 Valets de chambre.
61 Menuisiers.
61 Marchands de poissons en gros et en détail.
60 Ecrivains publics.
59 Peaussiers.
58 Fabricants d'étoffes.
57 Petits Marchands ambulants.
57 Crieurs au marché de Souk-el-Turk.
56 Armuriers fondeurs.
56 Portiers.
55 Porteurs d'eau domestiques.
55 Entrepreneurs d'enterrement.
54 Pêcheurs-marchands de poissons au détail.
50 Fabricants de pantoufles.
47 Marchands de pois-chiches.
44 » de poissons secs.
44 » de miel.
43 Vanniers.
42 Tondeurs de laine.
42 Marchands de *bersim* (vert) pour les chevaux.
41 » de bois à brûler.
39 » de poteries du pays.
38 Fabricants et nettoyeurs de pipes.
33 Paveurs.

33 Marins au cabotage.
32 Marchands de *kounafe* (espèce de pâtisserie).
32 Crieurs à la vente des ânes.
30 Maraichers.
30 Quincailliers.
30 Marchands de sucreries turques.
29 Interprêtes.
29 Vétérinaires.
28 Conteurs d'histoires publics.
28 Crieurs à la vente des chevaux.
28 Tonneliers.
27 Courtiers d'immeubles.
27 Tourneurs de bois.
25 Fabricants de cages.
24 Marchands de poteries européennes.
23 Courtiers.
21 Portefaix pour les bâtiments au port.
21 Tordeurs de soie.
20 Libraires.
20 Horlogers.
20 Gardiens aux entrepôts de bois.
19 Cordiers.
19 Fabricants de blutoirs.
18 Marbriers.
15 Marchands de tabacs à priser.
14 Peseurs de bois.
11 Graveurs sur métaux.
10 Courtiers du marché de Souk-el-Turk.
 7 Changeurs *(sarrafs)*.
 6 Saltimbanques *(karakouz)*.

Total : -- 25,940 individus répartis en 142 corporations. En ajoutant à ce nombre celui des individus qui n'exercent l'une des professions ci-dessus que d'une manière irrégulière, ou qui sont enregistrés comme pratiquant le commerce ou l'industrie d'une manière générale, en dehors du régime des corporations, on obtient un total de 51,053 hommes payant patente à Alexandrie, non compris les personnes sans profession, simples propriétaires, etc., non plus que toutes les femmes et les enfants. -- Les étrangers habitant Alexandrie sont en dehors de toutes les catégories dont il s'agit.

# N° 47. — BUDGET DE L'ANNÉE 1286

*Voté par l'Assemblée des Délégués le 28 zilheggeh ( 30 mars 1870) ;*

## Revêtu de l'approbation du Khédive

*à la date du 4 moharrem 1287 (5 avril 1870).*

---

## RECETTES.

|  | Bourses. | Piast. |
|---|---|---|
| Recette des provinces | 1.029.411 | 489 |
| Produit des douanes | 105.000 | |
| Produit net des chemins de fer | 110.000 | — |
| Produit net des provinces du Soudan | 20.000 | |
| Produit des Salines | 35 000 | |
| Intérêts des actions du Canal de Suez | 34.062 | 55 |
| Recettes des concessions et des écluses | 51.738 | 326 |
| Produit des locations, des moulins à huile et de l'impôt sur les moutons | 37 124 | 171 |
| Octrois et Recettes diverses | 35.062 | 459 |
| Recettes des impôts sur les céréales, des mesurages et transports, lesquels, après avoir été établis, ont été suspendus par ordre du Ministère de l'Intérieur | 12.000 | |
| Total | 1.469.000 | 000 |

## DÉPENSES.

|  | Bourses. | Piast. |
|---|---|---|
| Liste civile de Son Altesse | 60.000 | — |
| Pension des membres de la famille Vice-Royale | 22.145 | 260 |
| Tribut de Constantinople | 131.667 | 249 |
| Traitement des membres du Conseil privé et du Ministère de l'intérieur | 5.480 | 178 |
| Ministère de la guerre | 110.000 | — |

|  | Bourses. | Piast. |
|---|---|---|
| Ministère des Finances et ses dépendances.. | 30.567 | 294 |
| Ministère de la marine, et arsenal de Boulaq. | 46.012 | 392 |
| Ministère des affaires étrangères.......... | 1.940 | 254 |
| Conseils judiciaires des villes et des provinces | 80.891 | 045 |
| Frais d'administration des provinces et des inspections de la Haute et de la Basse-Egypte.... ..................... | 32.516 | 011 |
| Ministère des travaux publics......... | 2.296 | 359 |
| Intendance sanitaire et hôpitaux......... .. | 7.907 | 135 |
| Divans des gouvernorats des villes......... | 24.991 | — |
| Polices du Caire et d'Alexandrie.......... | 19.227 | 388 |
| Ministère de l'instruction publique. ....... | 12.069 | 316 |
| Frais d'administration des douanes....... . | 5.573 | 464 |
| Pensions des harems.................... | 3.500 | — |
| Pensions de retraite .................... | 30.720 | — |
| Traitements d'employés en disponibilité..... | 6.500 | — |
| Allocation annuelle de la caravane du Tapis et des hospices de l'Hedjaz.... ......... | 14.681 | 300 |
| Montant des intérèts des actions du Canal de Suez, qui ont été momentanément cédés à la Compagnie pour prix de terrains et de propriétés diverses... ............ ..... | 34.062 | 055 |
| Fonds de réserve .... ......... ........ | 40.000 | — |

**Service des Emprunts de l'État :**

|  | Bourses. | Piast. |
|---|---|---|
| Banque de Saxe. ........... | 51.700 | — |
| Pour l'emprunt de 5 millions de livres sterl....... .... | 120.957 | 165 |
| Pour l'emprunt de 8 millions de livres sterl .......... | 185.892 | 458 |
| A la Cie Medjidieh .......... | 10.296 | — |
| Emprunt du Chemin de fer... | 128.212 | 250 |

|  | Bourses. | Piast. |
|---|---|---|
|  | 497.058 | 373 |
| Total général des dépenses ............... | 1.177.811 | 046 |
| Excédant des recettes sur les dépenses...... | 291.588 | 454 |
| Total égal .......... | 1.169.400 | 000 |

## N° 48. — Statistique de la perception du droit de Voirie municipale de Minet-el-Bassal

Ce droit est perçu au moment de l'exportation de toutes les marchandises partant d'Alexandrie pour l'Europe, et son produit est destiné à couvrir les frais de pavage des quartiers de Minet-el-Bassal et Minet-el-Charaghua.

La statistique de la première année de perception (du 14 mars 1869 au 15 mars 1870) indique que 15,869 expéditions diverses de marchandises ont été faites à Alexandrie pour l'Europe, ayant produit une somme de 1,265,673 piastres égyptiennes qui se répartissent comme suit :

1° 711,537 P. pour 1,423,074 quintaux de cotons, lins, laines, soies et chanvres;

2°  91,346 P. pour  365,384 quintaux de chiffons, étoupes, miels, farines, riz, sucres, etc;

3° 377,503 P. pour 1,510,012 ardebs de blés, orge et cérales;

4°  27,028 P. pour  216,224 quintaux de natrons, mélasses, soufre, tourteaux, hennés, cendres de soude, cornes, onglons, os, vieux métaux, pastèques;

5°  58,259 P. pour  116,518 colis de marchandises non classées dans les précédentes.

# N° 49.

## NAISSANCES DÉCLARÉES, DÉCÈS, VACCINATIONS ET MALADES

### Traités à Domicile et dans les Hôpitaux,

DE LA

### BASSE, MOYENNE ET HAUTE-ÉGYPTE

*Pendant l'année de l'hégire 1285 (du 22 avril 1868 au 11 avril 1869)*

| NOMS DES VILLES ET PROVINCES. | | NAISSANCES. | DÉCÈS. | VACCINATIONS. | Malades traités. |
|---|---|---|---|---|---|
| | Caire. . . . . . . . . . . . . . . . . . | 15547 | 15155 | 13815 | 31927 |
| | Alexandrie. . . . . . . . . . . . | 10366 | 8239 | 6699 | 1727 |
| | Rosette. . . . . . . . . . . . . . . . | 596 | 471 | 580 | 651 |
| | Damiette. . . . . . . . . . . . . . . | 1586 | 1058 | 1563 | 224 |
| | Port-Saïd. . . . . . . . . . . . . . | 178 | 235 | 169 | 71 |
| | Suez. . . . . . . . . . . . . . . . . . | 492 | 959 | 497 | 921 |
| | El-Arich. . . . . . . . . . . . . . . | 110 | 105 | 118 | 83 |
| | Béhéra. . . . . . . . . . . Chef-lieu. | 784 | 644 | 601 | 760 |
| | -- Districts. | 6843 | 3231 | 3562 | 297 |
| | Ghize . . . . . . . . . . Chef-lieu. | 555 | 454 | 587 | 802 |
| | -- Districts. | 8772 | 4640 | 7120 | 21 |
| Basse-Égypte. | Garbye. . . . . . . . . . Chef-lieu. | 2144 | 2094 | 1611 | 449 |
| | -- Districts. | 25219 | 13397 | 11440 | 19 |
| | Dakahlye. . . . . . . . . Chef-lieu. | 1081 | 769 | 952 | 876 |
| | -- Districts. | 18973 | 9878 | 11983 | 25 |
| | Galioubye . . . . . . . . Chef-lieu. | 462 | 317 | 320 | 127 |
| | -- Districts. | 8282 | 4291 | 7280 | » |
| | Menoufye . . . . . . . Chef-lieu. | 690 | 407 | 512 | 412 |
| | -- Districts. | 19708 | 9838 | 8748 | 10 |
| | Charkhye . . . . . . . Chef-lieu. | 395 | 488 | 493 | 526 |
| | -- Districts. | 12184 | 7143 | 8743 | 223 |
| | *à Reporter*. . . . | 83753 | 134635 | 87393 | 40157 |

| | NOMS DES VILLES ET PROVINCES. | | NAISSANCES | DÉCÈS. | VACCINATIONS. | Malades traités. |
|---|---|---|---|---|---|---|
| | *Report* ... | | 134635 | 83753 | 87393 | 40157 |
| **Moy.-Égypte** | Benisouef.... .... | Chef-lieu. | 367 | 256 | 408 | 534 |
| | -- | Districts. | 4384 | 1491 | 3155 | 102 |
| | Fayoum........ | Chef-lieu. | 867 | 660 | 738 | 210 |
| | -- | Districts. | 4850 | 2166 | 3082 | 57 |
| | Minieh et Benimazar. | Chef-lieu. | 612 | 476 | 530 | 1573 |
| | -- -- | Districts. | 4575 | 2432 | 3660 | 496 |
| **Haute-Égypte.** | Assiout.......... | Chef-lieu. | 1271 | 918 | 1043 | 847 |
| | -- | Districts. | 13513 | 7600 | 9572 | » |
| | Oasis de Siout............ .. | | 777 | 466 | 642 | 12 |
| | Ghirghe ......... | Chef-lieu. | 350 | 214 | 319 | 722 |
| | -- | Districts. | 14394 | 5102 | 13466 | 410 |
| | Kéné............ | Chef-lieu. | 720 | 437 | 619 | 175 |
| | -- | Districts. | 7409 | 5830 | 6976 | » |
| | Esné............ | Chef-lieu. | 445 | 393 | 356 | 190 |
| | -- | Districts. | 5723 | 3409 | 3991 | » |
| | TOTAUX ... | | 195224 | 115663 | 135950 | 45485 |

## RÉSULTATS PAR SEXES.

| NAISSANCES DÉCLARÉES. | | DÉCÈS. | | VACCINATIONS. | |
|---|---|---|---|---|---|
| Sexe masculin. | 102928 | Sexe masculin. | 62208 | Sexe masculin. | 71057 |
| » féminin.. | 92296 | » féminin.. | 53455 | » féminin.. | 64893 |
| | 195224 | | 115663 | | 135950 |

## N° 50. — Proportion des Décès et des Naissances à la Population.

D'après les calculs et les hypothèses développés au n° 5, la population fixe de toute l'Egypte, à la fin de l'année 1869, serait de 5,215,065 habitants.

En comparant ce chiffre aux 195,224 naissances et aux 115,663 décès constatés pour la dernière année de l'Hégire, on reconnaît que la proportion a été de 3.74/100 pour les naissances, soit 1 naissance pour 26 habitants de tout âge (1), et de 2.21/100 pour les décès, soit 1 décès pour 44 habitants de tout âge (2).

Voici le résultat de la comparaison de ces chiffres avec ceux de quelques pays d'Europe :

|  |  |  |  | Naissances | Décès |
|---|---|---|---|---|---|
| Egypte.... | 1868-69 , pour 100 habitants | | | 3.74 | 2.21 |
| Prusse .... | 1863 | » | » | 4.12 | 2 59 |
| Belgique... | » | » | » | 3.22 | 2.37 |
| France .... | » | » | » | 2.74 | 2.26 |
| Angleterre. | » | » | » | 3.50 | 2.15 |
| Italie...... | » | » | » | 4.02 | 3.13 |

(1) Nos renseignements ne nous permettent pas encore de comparer le nombre des naissances à celui des habitants *adultes*, ce qui donnerait une mesure exacte de la fécondité de la population.

(2) Nous ne pouvons encore donner la proportion des décès par catégories d'âge, qui établirait la longévité de la population.

# N° 51 — Naissances d'Alexandrie en 1285

*(Du 22 avril 1868 au 11 avril 1869),*

CLASSÉES PAR RELIGIONS.

|  | Garçons | Filles | Total |
|---|---|---|---|
| Religion Musulmane | 4.865 | 4.427 | 9.292 |
| Eglise Catholique latine | 256 | 252 | 508 |
| Synagogue Israëlite | 153 | 150 | 303 |
| Culte Grec-Orthodoxe (communauté Helléno-Egyptienne) | 60 | 50 | 110 |
| Eglise Copte | 25 | 26 | 51 |
| Culte Grec-Catholique (Melchite) | 23 | 14 | 27 |
| Eglise Maronite | 8 | 13 | 21 |
| Culte Grec-Orthodoxe (Patriarcat) | 11 | 9 | 20 |
| Eglise Protestante Allemande | 9 | 4 | 13 |
| Temple Anglican | 6 | » | 6 |
| Communauté Arménienne | 1 | 4 | 5 |
| Totaux | 5.417 | 4.949 | 10.266 |

## N° 52. — ÉTAT COMPARATIF DES NAISSANCES ET DES DÉCÉS DANS TOUTE L'ÉGYPTE,

### depuis l'année 263 (1846).

| ANNÉES de L'ÉGIRE. | DATES CORRESPONDANTES du CALENDRIER GRÉGORIEN. | | | Naissances | Décès. | EXCÉDANT des Naissances sur les Décès. | EXCÉDANT des Décès sur les Naissances | OBSERVATIONS. |
|---|---|---|---|---|---|---|---|---|
| 1263 | Du 16 décembre 1846 au | 5 décembre | 1847 | — | — | 6.426 | , | |
| 1264 | 6 id. 1847 | 24 novembre | 1848 | — | — | » | 65.493 | Dans cette année éclata le choléra. |
| 1265 | 25 novembre 1848 | 13 id. | 1849 | — | — | » | 6.072 | |
| 1266 | 14 id. 1849 | 4 id. | 1850 | — | — | » | 3.417 | Dans cette année éclata le choléra. |
| 1267 | 5 id. 1850 | 24 octobre | 1851 | — | — | » | 1.511 | |
| 1268 | 25 octobre 1851 | 13 id. | 1852 | — | — | 14.521 | » | |
| 1269 | 14 id. 1852 | 3 id. | 1853 | — | — | 14.737 | » | |
| 1270 | 4 id. 1853 | 22 septembre | 1854 | — | — | » | 733 | |
| 1271 | 23 septembre 1854 | 11 id. | 1855 | — | — | » | 19.689 | Dans cette année éclata le choléra. |
| 1272 | 12 id. 1855 | 30 Août | 1856 | 138.309 | 93.449 | 44.860 | » | |
| 1273 | 31 Août 1856 | 19 id. | 1857 | 128.138 | 107.936 | 20.202 | » | |
| 1274 | 20 id. 1857 | 7 id. | 1858 | 161.702 | 99.392 | 62.310 | » | |
| 1275 | 8 id. 1858 | 30 Juillet | 1859 | 159.345 | 100.750 | 58.595 | » | |
| 1276 | 31 Juillet 1859 | 18 id. | 1860 | 163.353 | 131.968 | 31.385 | » | |
| 1277 | 19 id. 1860 | 9 id. | 1861 | 171.552 | 113.292 | 58.260 | » | |
| 1278 | 10 id. 1861 | 27 Juin | 1862 | 176.909 | 112.100 | 64.809 | » | |
| 1279 | 28 Juin 1862 | 17 id. | 1863 | 179.634 | 118.548 | 61.080 | » | |
| 1280 | 18 id. 1863 | 4 id. | 1864 | 173.820 | 170.283 | 3.537 | » | Dans cette année, l'épizootie sévit avec le plus d'intensité. |
| 1281 | 5 id. 1864 | 26 Mai | 1865 | 165.772 | 131.152 | 34.620 | » | |
| 1282 | 27 Mai 1865 | 15 id. | 1866 | 181.122 | 174 270 | 6.852 | » | Dans cette année éclata le choléra. |
| 1283 | 16 id. 1866 | 3 id. | 1867 | 184 437 | 118.178 | 66.259 | » | |
| 1284 | 4 id. 1867 | 21 Avril. | 1868 | 183.335 | 121.882 | 61 453 | » | |
| 1285 | 22 Avril 1868 | 11 id. | 1869 | 195.224 | 115.663 | 79.561 | » | |

# N° 53. — NAISSANCES ET DÉCÈS D'ALEXANDRIE

## EN 1869,

*Classés par Nationalités Étrangères.*

| NATIONALITÉS. | NAISSANCES. | | | DÉCÈS. | | |
|---|---|---|---|---|---|---|
| | Masculines. | Féminines. | Total. | Masculins. | Féminins. | Total. |
| Allemande du Nord...... | 9 | 4 | 13 | 7 | 4 | 11 |
| Américaine (Etats-Unis)... | 4 | » | 4 | 1 | » | 1 |
| Austro-Hongroise ....... | 22 | 25 | 47 | 41 | 11 | 52 |
| Anglaise ...... ... ..... | 19 | 9 | 28 | 69 | 21 | 90 |
| Belge.................... | » | » | » | 1 | 1 | 2 |
| Brésilienne ............. | » | » | » | » | » | » |
| Danoise.................. | » | 2 | 2 | » | » | » |
| Française... . .......... | 33 | 30 | 63 | 55 | 18 | 73 |
| Id. (militaires de passage) | — | — | — | 32 | -- | 32 |
| Hollandaise.. ........... | 1 | » | 1 | 3 | » | 3 |
| Italienne................ | 65 | 54 | 119 | 20 | 11 | 31 |
| Persane................. | » | » | » | 4 | » | 4 |
| Portugaise . ............ | » | » | » | » | » | » |
| Russe................ .... | 1 | » | 1 | » | » | » |
| Suédo-Norvégienne....... | » | » | » | 1 | » | 1 |
| Total..... | 154 | 124 | 278 | 234 | 66 | 300 |

# N° 54. — MÉTÉORÓLOGIE D'ALEXANDRIE

*Pendant l'année 1869.*

| MOIS. | BAROMÈTRE | | | THERMOMÈTRE | | |
|---|---|---|---|---|---|---|
| | Maxima. | Minima. | Moyenne du MOIS. | Maxima. | Minima. | Moyenne du MOIS. |
| Janvier. . . . | 774. | 753. | 765. | 21. | 11. | 15.8 |
| Février. . . . | 775. | 759.5 | 767. | 21. | 10.5 | 16.5 |
| Mars. . . . . . . | 770.5 | 744.5 | 765.9 | 30. | 13. | 18.7 |
| Avril. . . . . . | 774. | 750. | 761. | 29. | 9. | 19.2 |
| Mai. . . . . . . . | 769. | 748. | 754.9 | 32. | 18. | 23.2 |
| Juin. . . . . . . | 759. | 741. | 750.6 | 34.5 | 23. | 27.5 |
| Juillet. . . . | 750. | 744.5 | 748.1 | 31. | 24. | 27.1 |
| Août. . . . . . . | 752. | 742 | 747.1 | 33. | 24.5 | 27.5 |
| Septembre. . | 755.5 | 746. | 751.0 | 30. | 23. | 26. |
| Octobre. . . . | 765. | 754. | 759.2 | 29. | 20.5 | 24. |
| Novembre. . | 768. | 749. | 762.3 | 30. | 15. | 20.6 |
| Décembre. . | 772. | 759. | 766.2 | 23.5 | 14. | 17.4 |
| MOYENNE DE L'ANNÉE... | | | 758.2 | | | 21.9 |

**N. B.** Ces chiffres sont tirés des Observations relevées par M. GALETTI.

# N° 55. — MÉTÉOROLOGIE DE SUEZ

*Du 1ᵉʳ Juin 1868 au 30 Mai 1869.*

| MOIS. | BAROMÈTRE | | | THERMOMÈTRE | | |
|---|---|---|---|---|---|---|
| | Maxima. | Minima. | Moyenne du MOIS. | Maxima. | Minima. | Moyenne du MOIS. |
| Juin....... | 767.63 | 755.08 | 759.70 | 38 4 | 10.5 | 24.6 |
| Juillet..... | 760.28 | 756.87 | 756.87 | 28 9 | 21.5 | 28.9 |
| Août....... | 759.88 | 757.51 | 757.51 | 39.9 | 22. | 29.3 |
| Septembre.. | 763.13 | 760.90 | 760.90 | 36.4 | 21. | 27.30 |
| Octobre.... | 764.08 | 760.80 | 760.80 | 34.9 | 19. | 26.90 |
| Novembre.. | 768.53 | 726.12 | 726.12 | 36.9 | 10.5 | 18.5 |
| Décembre.. | 772.28 | 764.17 | 764.17 | 21.4 | 8.5 | 14.99 |
| Janvier.... | 771.88 | 764.43 | 764.43 | 19.9 | 6. | 10.3 |
| Février.... | 770.43 | 765 21 | 765.21 | 22.0 | 9.5 | 12.4 |
| Mars...... | 764.73 | 758.23 | 758.23 | 27.4 | 8.5 | 16.7 |
| Avril...... | 768.78 | 761.83 | 761.83 | 32.4 | 11. | 18.7 |
| Mai....... | 762 28 | 751.31 | 731.31 | 37.9 | 14.5 | 24.80 |
| MOYENNE DE L'ANNÉE... | | | 757.25 | .... | ...... | 21 11 |

**N. B.** Ces chiffres sont tirés des Observations relevées par la Cⁱᵉ du Canal maritime.

## N° 56 -- Malades Traités à l'Hôpital général du Gouvernement à Alexandrie.

Le nombre des malades des deux sexes traités à l'hôpital général du Gouvernement à Alexandrie, pendant l'année 1285 ( du 22 avril 1868 au 11 avril 1869), a été au total de 3,249.

1840 étaient Militaires ou Marins ;

610 étaient envoyés par l'Arsenal et la Police ( cawas, forçats, *cas de médecine légale*) ;

32 des Employés d'Administration Publique ;

767 de simples particuliers, dont les trois quarts environ étaient indigents.

N. B. — Les indigents de la ville d'Alexandrie, qui étaient alors envoyés à l'hôpital général aux frais du gouvernement, y entrent maintenant à la charge de la municipalité, sans distinction de nationalité.

## N° 57. — Hôpital Grec d'Alexandrie année 1869.

Le nombre des malades entrés à l'hôpital grec d'Alexandrie pendant l'année 1869, a été de 650, dont 615 hommes et 35 femmes, se répartissant comme suit par nationalités :

605 Grecs,
17 Italiens,
9 Arabes,
1 Valaquou,
6 Maltais
4 Turcs et Egyptiens,
3 Français,
1 Autrichien.
1 Russe.

Dans les nombres ci-dessus figurent 15 marins de passage.

Des 650 malades sus-indiqués, 537 sont sortis guéris, — 49 sont sortis avant guérison complète, — et 64 sont morts à l'hôpital.

Les maladies les plus répandues ont été les maladies de foie (112 sur 650).

## N° 58. — Statistique de l'Hôpital Européen d'Alexandrie en 1868.

Pendant l'année 1868, le nombre des malades reçus à l'Hôpital Européen d'Alexandrie, a été de 1,394, se répartissant comme suit par nationalités :

| | |
|---|---|
| Sujets et protégés italiens.............. | 443 |
| »                     français........... ·.. | 194 |
| Marins français en transit............. | 174 |
| Sujets et protégés anglais............. | 188 |
| »                     autrichiens ........ ... | 155 |
| Nationalités diverses................. | 240 |

Dans ce dernier nombre, figurent 138 individus entrés à leurs frais, et 24 indigents admis gratuitement : les frais de séjour des autres malades ont été supportés soit par les Consulats dont ils relèvent, soit par les Sociétés de Secours ou par les administrations qui les avaient envoyés dans cet établissement.

## N° 59. — Hospice des aliénés de Boulaq près le Caire.

Le nombre des aliénés entretenus par le gouvernement à cet hospice au 1er jour de l'année 1286, était de 142, dont 92 hommes et 50 femmes.

Pendant toute l'année 1286, — 251 nouveaux aliénés dont 76 hommes et 75 femmes, y sont entrés ; — 174, dont 130 hommes et 44 femmes, en sont sortis guéris ; — 97, dont 64 hommes et 33 femmes, y sont morts.

Au 1er jour de l'année 1287, il restait donc en cet hospice, 122 aliénés, dont 74 hommes et 48 femmes.

## N° 60 — Enfants trouvés recueillis à l'Hospice Général du Gouvernement à Alexandrie.

La moyenne des enfants trouvés, en subsistance permanente à l'hôpital général d'Alexandrie, aux frais du Gouvernement, a été l'année dernière de 52, dont 24 garçons et 28 filles.

## N° 61. — Enfants trouvés recueillis par l'Établissement des Sœurs de la Charité, à Alexandrie.

Enfants recueillis et assistés au 15 mars 1869...   61.
   »       » du 16 mars 1869 au 28 février 1870..   69.

                    Total........ 130.

Morts du 16 mars 1869 au 28 février 1870.....   43.
Réclamés     »             »              7.
    Dans l'établissement au 1er mars 1870.....   80.

## N° 62. — Salles d'Asile et Dispensaires.

Au commencement de l'année 1869, les Salles d'Asile des Sœurs de la Charité à Alexandrie contenaient 300 enfants ; l'Orphelinat de Garçons de la même Maison en contenait 52 ; et l'Orphelinat de Filles, 120.

Le Dispensaire des Sœurs de la Charité, à la même date, assistait par jour 6 à 700 personnes, en consultations gratuites, secours aux pauvres et distribution de médicaments.

## N° 63. — Société Française de Secours d'Alexandrie.

Pendant l'année 1869, la Société Française de Secours d'Alexandrie a dépensé, en secours de toute sorte, une somme totale de 30,403 francs ; le nombre des personnes secourues a été de 335 ; celui des rapatriements effectués, de 290.

# N° 64 — Ecoles du Gouvernement.

Les Ecoles du Gouvernement reçoivent environ 4,000 élèves, instruits, nourris et habillés gratuitement, et auxquels est en outre affectée une solde dans les établissements spéciaux.

Elles se divisent en établissements d'instruction primaire, secondaire, spécial et supérieur :

### ENSEIGNEMENT PRIMAIRE.

1 Ecole au Caire, 388 élèves en 1868 — 530 en 1869.
1 Ecole à Alexandrie, 108    »        »      — 148        »
1 Ecole à Tantah,    103    »        »      — 200        »
1 Ecole à Syout,      95    »        »      — 200        »

Total..... 1078 élèves en 1869

### ENSEIGNEMENT SECONDAIRE.

Ecole préparatoire du Caire (Darb-el-Gammamis)   550 élèves
Ecole préparatoire du Caire (Abbassieh)........  750    »
Ecole préparatoire d'Alexandrie (Ras-el-Tin)...  400    »

Total.... 1700 élèves

### ENSEIGNEMENT SPÉCIAL.

Ecole d'infanterie de l'Abassieh, doublée en 1867,
   formant un bataillon de 8 compagnies et comprenant ............................   500 élèves
Ecole de marine militaire d'Alexandrie.........   40    »
Ecole de vétérinaires au Caire ( 4 divisions de 10
   à 15 élèves )................................   50    »
Ecole des arts et métiers de Boulaq près le Caire.   100    »

Total.... 690 élèves

### Enseignement Supérieur.

Ecole polytechnique du Caire, réouverte en 1866,
et comprenant 2 divisions.................  60 élèves
Ecole de Cavalerie de l'Abassieh, formant un
escadron de.................................  100  »
Ecole d'artillerie et du génie de l'Abassieh, formant une batterie d'artillerie de............  100  »
et une section du génie de .................  30  »
Ecole d'Etat-major de l'Abassieh.............  20  »
Ecole de Droit administratif du Caire, compre-
nant 3 divisions de 10 à 15 élèves............  50  »
Ecole de médecine et de pharmacie de Kasr-el-
Aïn près le Caire, comprenant pour la méde-
cine....  ...................................  75  »
pour la pharmacie..........................  25  »
Ecole de sage-femmes de Kasr-el-Aïn.........  40  »
Observatoire du Caire (à l'Abassieh)...........  4  »

Total.......  504 élèves

Sont actuellement à l'état de projet, l'établissement d'une
école gouvernementate de marine marchande à Alexandrie,
et d'une école gouvernementale d'archéologie au Caire.

Outre les Ecoles ci-dessus, le Gouvernement entretient
actuellement plusieurs missions d'études à l'étranger, ce
sont :

1° L'Ecole militaire égyptienne de Paris, réorga-
nisée en 1869, et comprenant :

de l'ancienne mission pour les études civiles..  40 élèves
de la réorganisation, pour les études militaires  100  »
2° La mission envoyée en 1870 à l'Institut Inter-
national de Turin pour les études civiles. ...  15  »
3° La mission d'études d'Angleterre...........  3  »

Total....  158 élèves

## Nᵒ 65 -- Ecoles Libres.

Les écoles nationales libres, annexées à des mosquées, sont des établissements d'instruction primaire, sauf l'Université d'El-Azhar ( des Fleurs. ) — Elles fournissent les premiers éléments de l'instruction à 60,000 élèves environ dans toute l'Egypte; voici le nombre des élèves dans les villes principales :

| | | |
|---|---|---|
| Caire.... .... ....... | 6.040 élèves en 1869. | |
| Alexandrie. . . . . . . . . . | 1.580 | » |
| Damanhour . . . . . . . . . . | 582 | » |
| Tanta . . . . . . . . . . . . . | 600 | » |
| Zagazig. . . . . . . . . . . . . | 475 | » |
| Mansoura. . . . . . . . . . . | 798 | » |
| Ghizé. . . . . . . . . . . . . | 244 | » |
| Benisouef . . . . . . . . . . | 313 | » |
| Medinet Fayoum . . . . . . | 652 | » |
| Minié. . . . . . . . . . . . . . | 478 | » |

Le nombre de 60,000 élèves représente, pour 5 millions d'habitants environ, 12 individus recevant l'instruction par 1,000 habitants. Cette proportion n'était que de 1 individu par 1,000 habitants, sous le commencement de la dynastie régnante, suivant M. Regaldi, auquel nous empruntons les renseignements ci-dessus.

Les 7,620 élèves des Ecoles libres d'Alexandrie et du Caire, sont répartis entre 259 établissements, dont la moitié environ est entretenue par les Mosquées auxquelles ils sont annexés et par la rétribution perçue des élèves.

Le reste de ces établissements a des ressources particulières ;

40 environ sont entretenus par le Divan des *Wakfs* ( ministère des cultes ), et reçoivent parmi leurs élèves, 570 jeunes gens nourris et habillés gratuitement ;

53 sont entretenus sur des fonds spéciaux gérés par le Divan des Wakfs, et reçoivent 760 jeunes gens, nourris et habillés gratuitement ;

30 ont des biens particuliers, et reçoivent 446 jeunes gens nourris et habillés gratuitement ;

2 touchent des subventions du Ministère des finances et reçoivent 44 jeunes gens nourris et habillés gratuitement.

L'Université d'El-Azhar est un établissement d'instruction secondaire et supérieure. — Elle reçoit environ 5,000 élèves, dont la moitié est entretenue soit par le Gouvernement soit par les provinces et villes d'origine, au moyen de bourses et subventions.

En dehors des écoles nationales, Alexandrie compte divers établissements d'instruction libre, dont suit l'énumération :

1° l'Ecole des Frères de la Doctrine Chrétienne :

Instruction gratuite........ .............. 350 élèves
Instruction rétribuée.... ................. 255 »
                                   Total... 605

2° La maison des Lazaristes. ................ 50 élèves

3° L'établissement des Sœurs de la Miséricorde :

Instruction gratuite .......... ........... 300 »
Instruction rétribuée ................ .... 120 »
                                           420

4° Le Collége Italien ...................... 80 élèves

5° Les Ecoles Gratuites Universelles.......... 500 »

Ces divers établissements donnent au total l'instruction gratuite à 1150 élèves, et l'instruction rétribuée à 505, soit en tout 1,655 élèves.

## N° 66. — Tribunal de commerce Mixte d'Alexandrie.

### ANNÉE 1286

*(Du 12 avril 1869 au 1er avril 1870).*

Nombre des jugements rendus en 1re instance... 430.
   id.      en appel........ 47.
Nombre des actes présentés en 1re instance. .. 650.
   id.     en appel........ 100.
Nombre des faillites prononcées. ........... 8.
Jugements rendus en matière de faillite (admission de créanciers, etc.)................ 62.
Protêts enregistrés...................... 191.

## N° 67. — Tribunal Consulaire de France à Alexandrie

(1867-68-69).

Pendant l'année 1867, le nombre des jugements de toute nature, rendus en matières civile, commerciale et correctionelle par le Tribunal Consulaire de France, a été de 484. Pendant l'année 1868, ce nombre s'est élevé à 500 : il a été de 405 en 1869.

## N° 68. — Cour Consulaire Britannique d'Alexandrie (1869).

MATIÈRES CIVILE ET COMMERCIALE :

1° 62 demandes ordinaires formées contre des sujets anglais, 46 jugements rendus.
2° 215 demandes ordinaires formées contre des sujets anglais, 165 jugements rendus.
3° 55 protêts enregistrés, 2 faillites prononcées.
22 admissions à l'assistance judiciaire.
809 actes de procédure enregistrés.

MATIÈRE CRIMINELLE :

2 affaires soumises au jury.
25 déportations ordonnées.
(tous ces cas s'appliquent à des personnes d'origine maltaise).

MATIÈRE CORRECTIONNELLE :

216 jugements rendus, concernant des sujets anglais.
175 » » maltais.
159 condamnations à l'emprisonnement.

## N° 69. — Tribunal Consulaire Italien d'Alexandrie.

ANNÉE 1869.

Jugements rendus par le Consul dans les affaires au-dessous de 500 francs.................................... 71
Jugements rendus par le Tribunal dans les affaires au-dessus de 500 francs................................. 325
Transactions sur procès ................................ 182

## Nº 70. — Tribunal Consulaire de Grèce à Alexandrie.

ANNÉE GRECQUE 1869
*(du 13 janvier 1869 — style grégorien — au 12 janvier 1870).*

Nombre de demandes formées en première instance  392

Nombre de jugements rendus en matières civile et commerciale......................................  327

Nombre de poursuites correctionnelles transmises au Tribunal de Syra..................................  69

# TABLE DES MATIÈRES.

## I. — Organisation Physique et Administrative.



## II. — Population.



## III. — Navigation Maritime.

## IV. — Travaux Publics.



## V. — Transports Intérieurs.



## VI. — Commerce Général.

## VII. — Agriculture.



## VIII. — Industrie.



## IX. Finances.



## X. — Service sanitaire.



## XI. — Assistance publique.

## XII. — Instruction publique.



## XIII. — Justice.



Imprimerie Française, Mourès & Cᵉ, Square Ibrahim.

9 782019 945718